Napoleon in Thüringen

Wirkung –
Wahrnehmung –
Erinnerung

Napoleon in Thüringen

Wirkung –
Wahrnehmung –
Erinnerung

Werner Greiling

Landeszentrale für politische Bildung Thüringen
Regierungsstraße 73, 99084 Erfurt
2006
www.lzt.thueringen.de

ISBN-10: 3-937967-11-7
ISBN-13: 978-3-937967-11-0

Inhalt

5

1. Einleitung

„Meine Herren, Generale wie der Herr Bonaparte einer ist, hat die Armee Sr. Majestät [des Königs von Preußen – W.G.] mehrere aufzuweisen".[1] So schwadronierte Ernst Wilhelm von Rüchel vor jener „Doppelschlacht", die am 14. Oktober 1806 zwischen den französischen Truppen unter Napoleon Bonaparte und den mit den Sachsen verbündeten Preußen bei Jena und Auerstedt geschlagen wurde. Der preußische Generalleutnant wurde jedoch auf schmerzhafte Weise eines Besseren belehrt, denn „Jena 1806" steht seitdem als Chiffre für eine derart vernichtende militärische Niederlage Preußens, dass das gesamte Staatswesen ins Wanken geriet. Zugleich gilt „Jena 1806" als einer der glänzendsten Siege des Feldherrnkaisers der Franzosen. So wirken Rüchels Worte damals wie heute als völlig absurd. Denn wie das Urteil über Napoleon Bonaparte im Laufe der Jahre auch schwankte, wie unterschiedlich er von Freund und Feind auch charakterisiert wurde: Eine Konstante ist stets auszumachen, sowohl für den jungen, aufstrebenden Offizier in den 1790er Jahren als auch für den verbannten Ex-Kaiser auf der Vulkaninsel St. Helena im Südatlantik: Napoleons militärisches Genie. Die außergewöhnlichen militärischen Fähigkeiten von Napoleon Bonaparte wurden zu keinem Zeitpunkt seiner wechselvollen Karriere ernsthaft in Zweifel gezogen.

Im Jahre 1806 wurden die Menschen auch in Thüringen ganz unmittelbar und in zahlreichen Fällen sehr schmerzhaft mit Napoleon Bonaparte konfrontiert. Zunächst vernahm man im Juli die Nachricht vom Austritt zahlreicher Gliedstaaten aus dem Heiligen Römischen Reich deutscher Nation und von der Gründung eines neuen Staatenbundes unter dem Protektorat des

Kaisers der Franzosen, des Rheinbundes. Dem folgte die durch Kaiser Franz II. am 6. August 1806 erklärte Auflösung des Reiches, wodurch die thüringischen Territorialstaaten plötzlich eine ungewohnte Souveränität erfuhren. Doch schon kurze Zeit später folgte die Begegnung mit den Franzosen. Napoleon hatte sich am 25. September von Paris aus auf den Weg nach Deutschland gemacht. Am 28. September kam er in Mainz an, am Abend des 2. Oktober erreichte er Würzburg. Von hier aus reiste er nach Bamberg weiter, wo er am 7. Oktober mit der Überreichung des preußischen Ultimatums faktisch eine definitive Kriegserklärung des Königreichs Preußen erhielt. Napoleon Bonaparte reagierte mit einem Aufruf an seine Soldaten im 1. Kriegsbulletin der Großen Armee: „Man gibt uns ein Stelldichein für den 8.: Niemals hat ein Franzose dabei gefehlt. Aber da, wie man sagt, eine schöne Königin Zeuge des Kampfes sein wird,[2] so seien wir ritterlich und marschieren den Preußen, ohne zu rasten, bis nach Sachsen entgegen."[3]

Doch nicht in Sachsen, sondern auf thüringischem Territorium trafen die Franzosen auf die preußischen Truppen, die von Soldaten des verbündeten sächsischen Heeres noch verstärkt wurden. Seit dem 8. Oktober 1806 drangen die Armeen Napoleon Bonapartes von drei Richtungen her in Thüringen ein und überzogen das Land mit Krieg. Zunächst im Gebiet um Saalburg und Schleiz, wenig später vor Saalfeld und schließlich auf der Höhe über der Universitätsstadt Jena vernahmen die Menschen das Lärmen der Schlachten und die lauten Rufe „Vive l'Empereur". Sie erlebten Truppendurchzüge und Plünderungen, Not und Verderben. Der Kaiser selbst betrat, von Kronach kommend, am 9. Oktober thüringisches Territorium. Sein Hauptquartier schlug er am gleichen Tag im Residenzschloss zu Ebersdorf auf. Weitere Stationen Napoleons auf dem Weg durch Thüringen waren die reußische Residenzstadt Schleiz am 10. und das Städtchen Auma am 11. Oktober, das im Neustädter Kreis gelegen war und damit politisch zu Kursachsen gehörte. Am 12. Oktober schließlich nahm Napoleon Bonaparte in Gera Quartier, während Teile seiner Armee längst weiter westlich operierten. Als dann am Vormittag des 13. Oktober neue Nachrichten von den Truppenbewegungen des Feindes und den Stellungen der eigenen Kontingente beim Kaiser eintrafen, machte er sich auf den Weg nach Jena. Tags darauf kam es zur großen Schlacht.[4]

Die Kunde vom Aufstieg des begabten Generals war bereits in den 1790er Jahren bis nach Thüringen gedrungen. Die militärischen Erfolge Napoleon Bonapartes hatte man mit Interesse und nicht selten bewundernd zur Kenntnis genommen. Auch die Stationen der politischen Karriere wurden respektvoll quittiert, insbesondere der Staatsstreich des 18. Brumaire, aus dem Napo-

Porträt von Napoleon als General der Italien-Armee, um 1800

leon Bonaparte 1799 als Erster Konsul hervorging, sowie die Kaiserkrönung am 2. Dezember 1804. Von den konkreten Auswirkungen der napoleonischen Politik und der Kriegszüge des Feldherrnkaisers war man in Thüringen jedoch lange Zeit weitgehend unbehelligt geblieben. Thüringen durchlebte von 1795 bis 1805 ein Jahrzehnt des Friedens im Schatten großer Kriege.[5] Und auch nach 1806 konnte man in der Kleinstaatenwelt Thüringens wieder in Frieden leben. Tausende Landeskinder aber zogen mit Napoleons Truppen an ferne Fronten, von Spanien bis Russland, und kehrten in vielen Fällen nicht zurück. Die ernestinischen Herzogtümer, die schwarzburgischen Fürstentümer und die reußischen Staaten traten Ende 1806 bzw. im April 1807 dem Rheinbund bei und begaben sich damit unter das Protektorat des Kaisers der Franzosen. Das ehemals kurmainzische und seit 1802 preußische Erfurt wurde sogar französisch. Der Kapitulation von Erfurt am Tag nach der Schlacht bei Jena und Auerstedt und dem Auszug der Preußen folgten die Besetzung durch französisches Militär und schließlich 1807 die Umwandlung der Stadt in ein Napoleon Bonaparte persönlich unterstelltes Gebiet, eine „Domain réservé à l'Empereur". So blieb Napoleon Bonaparte auch über die Zäsur von 1806 hinaus in Thüringen gleichsam virtuell präsent, zumal er mehrfach durch thüringisches Gebiet reiste. In Gotha beispielsweise, dessen Herzog August als besonders napoleonfreundlich galt, wurde ihm am 23. Juli 1807 auf Schloss Friedenstein ein prächtiger Empfang bereitet. Die Stadt Erfurt machte Napoleon Bonaparte 1808 zum Tagungsort eines großen Fürstenkongresses. Und schließlich war Napoleon Bonaparte seit seinen großen militärischen Erfolgen und insbesondere seit 1806 Objekt einer regen politisch-publizistischen Auseinandersetzung. Die damit verbundene intensive Wahrnehmung durch die Zeitgenossen, und zwar in allen sozialen Schichten der Gesellschaft, war auch nach seiner Abdankung und Verbannung keineswegs beendet.

Der 200. Jahrestag der Schlacht bei Jena und Auerstedt bietet den Anlass, die Wirkung Napoleon Bonapartes in Thüringen sowie die Beschäftigung mit ihm und die Erinnerung an ihn zu hinterfragen. Wie wurde Napoleon von den Zeitgenossen empfunden und charakterisiert? Welche Auswirkungen hatten seine militärischen Siege und seine Politik auf die thüringische Staatenwelt? Was änderte sich durch Napoleon im Leben und im Alltag der Menschen? Welche Informationen verbreitete man von ihm? Wie hat sich das Bild, das man von Napoleon Bonaparte zeichnete, im Laufe der Zeit gewandelt? Wie dachten die Menschen über Napoleon? Diese und einige weitere Fragen zum Themenkomplex „Napoleon in Thüringen" sollen in der vorliegenden Studie angesprochen und erörtert werden.[6] In den Blick geraten „reale" Ereignisse und Entwicklungen ebenso wie die Wahrnehmungen und Erfahrungen der Menschen.

Die Darstellung will über Napoleon Bonaparte und über Thüringen zur napoleonischen Zeit informieren, ohne auch nur annähernd einen Anspruch auf Vollständigkeit zu erheben. Dies ist in dem von der „Landeszentrale für Politische Bildung" vorgegebenen Rahmen ohnehin nicht möglich, wäre aber auch von einer doppelt so umfangreichen Studie keineswegs zu leisten. Zudem könnte ein anderer Text zum gleichen Thema eine durchaus andere Gestalt besitzen. Insofern versteht sich dieses Buch, das sich in erster Linie an die interessierten Laien wendet, auch und vor allem als ein Beitrag zur Diskussion. Zugleich soll es dazu anregen, eine der größeren Napoleon-Biographien zur Hand zu nehmen, sich mit der Literatur und den Quelleneditionen zur „Napoleonzeit" zu beschäftigen oder aber eine der zahlreichen Erinnerungsstätten in Thüringen aufzusuchen, die von der Person Napoleon Bonapartes, von seiner Herrschaft und seinen Feldzügen zeugen. Man findet sie nicht nur in den thüringischen Museen,[7] sondern auch an zahlreichen anderen Orten – vor allem natürlich auf den Schlachtfeldern von 1806.[8]

Für die Bereitstellung von Abbildungsvorlagen und für die Erteilung der Veröffentlichungsgenehmigung danke ich dem Stadtmuseum Jena, der Stiftung Schloss Friedenstein sowie dem Thüringischen Staatsarchiv Gotha. Mein herzlicher Dank gilt ferner Herrn Alexander Krünes (Jena), der mir im Jubiläumsjahr 2006 bei meinen Napoleon-Recherchen behilflich war und auch an der vorliegenden Publikation tatkräftig mitgewirkt hat.

Jena und Neustadt an der Orla, im Sommer 2006

2. Napoleon Bonaparte als deutscher Gedächtnisort?

Die Literatur über Napoleon Bonaparte füllt ganze Bibliotheken. Den Zeitgenossen galt der General, Konsul und Kaiser der Franzosen ebenso als bevorzugter Gegenstand der Betrachtung wie den Nachgeborenen. Die Faszination seiner Persönlichkeit, seine militärischen Siege und sein märchenhafter politischer Aufstieg forderten ebenso zu Stellungnahmen und Kommentaren heraus wie seine Niederlagen. Sein Sturz, das Exil auf Elba, die 100 Tage seiner Rückkehr nach Frankreich sowie schließlich die Verbannung auf St. Helena haben zwar manches Urteil verändert und variiert, das Interesse an ihm aber keineswegs geringer werden lassen. Dies gilt in gewisser Weise für die Franzosen,[9] in weit stärkerem Maße aber für die Deutschen. Die Bedeutung, die Napoleon Bonaparte für seine Nachbarn östlich des Rheins hatte, kann kaum überschätzt werden. Und so verwundert es auch nicht, dass sich in der Vergangenheit immer wieder Historiker fanden, die sich mit dem Thema „Napoleon und die Deutschen" befassten oder dessen Rolle für einzelne deutsche Regionen untersuchten. Es steht außer Frage, dass Napoleon Bonaparte gleichsam Bestandteil der deutschen Geschichte ist. Thomas Nipperdey etwa beginnt seine großartige deutsche Geschichte des 19. Jahrhunderts mit dem inzwischen viel zitierten Satz: „Am Anfang war Napoleon".[10] So verwundert es auch nicht, dass der Feldherr und Kaiser bereits im 19. Jahrhundert zum Gegenstand der deutschen Geschichtsschreibung avancierte.[11] Die frühe Historiographie entstand bereits in den letzten Lebensjahren Napoleons und gründete zum Teil noch auf der zeitgenössischen Napoleon-Wahrnehmung wie etwa in den Darstellungen des Geraer Publizisten und Volksaufklärers Johann

Daniel Ernst Bornschein seit 1802.[12] Tradiert wurden in der deutschen Napoleon-Historiographie aber auch die Napoleon-Bilder besonders herausragender Wortführer unter den Zeitgenossen wie Ernst Moritz Arndt.

Zu den ersten deutschen Fachhistorikern, die sich mit Napoleon befassten, zählten Christian Friedrich Rühs und Barthold Georg Niebuhr. In Niebuhrs „Geschichte des Zeitalters der Revolution" (1829) wird Napoleon in seinen Anfängen als Überwinder des revolutionären Zeitalters durchaus positiv gesehen.[13] Johann Gustav Droysen stellte Napoleon 1846 zwar nicht als einen positiven Helden dar, aber er zollte ihm doch erheblichen Respekt: Er sei ein „Riese menschlicher Begabung". „Nie hat es einen größeren Feldherrn, einen umsichtigeren Regenten gegeben, als Napoleon."[14] Droysen überhöht Napoleon ins Mythische, er betont ähnlich wie Goethe Züge des „Dämonischen". Johannes von Müller bezeichnete Kaiser Napoleon als den „Wegbereiter eines neuen, freiheitlichen Deutschland".[15] Ludwig Häusser hingegen betonte zwar Napoleons höchste Begabung, die er aber als furchtbarer Eroberer mit „der Kälte vollendeter Selbstsucht und […] tiefer Menschenverachtung" verband.

Das deutlich negative Napoleon-Bild, das Häusser in den 1850er Jahren zeichnete, wurde von Heinrich von Treitschke weiter zugespitzt. Treitschke verband dabei seine Napoleon-Kritik mit einem deutlich negativen Frankreichbild. In Treitschkes weit verbreiteter „Deutscher Geschichte im 19. Jahrhundert" wird Napoleon zum bösen Prinzip schlechthin: „Wie der Löwe nicht bloß aus Hunger mordet, sondern weil er nicht anders kann, weil es seine Natur ist, zu rauben und zu zerfleischen, so konnte dieser Allgewaltige nicht einen Augenblick bei einem erreichten Erfolge sich beruhigen. Ins Grenzenlose schweiften seine begehrlichen Träume."[16]

Solche Art des Moralisierens war Leopold von Ranke fremd. Für Ranke galt Napoleon als der Vollender und Fortsetzer der Revolution. Ranke versuchte, Napoleon aus seinen eigenen Voraussetzungen heraus und in den Verhältnissen der Zeit zu begreifen und zu beurteilen. In Auseinandersetzung mit anderen Napoleon-Deutungen prägte Ranke aber einen Terminus, der zwar nicht seinem eigenen Verständnis für Napoleon entsprach, der in der Folge aber als Schlagwort und Deutungsmuster für Napoleon herhalten musste, vor allem bei Max Lenz: Napoleon als „Eroberungsbestie".[17]

Um die Wende vom 19. zum 20. Jahrhundert haben dann jene Historiker, die sich in speziellen biographischen Arbeiten mit Napoleon beschäftigten, die Debatte über den Feldherrn und

Porträt von Napoleon I. – Stich von Bertrand nach Bourgeoise, um 1820

Kaiser der Franzosen sowie das Urteil über ihn wieder versachlicht. Das gilt für den Österreicher August Fournier, dessen wissenschaftliche Napoleon-Biographie erfolgreich um ein ausgewogenes Urteil über Napoleon bemüht war. Fournier vermochte den Kaiser der Franzosen mit seinen Schattenseiten und mit seinen Vorzügen und Talenten zu zeigen.[18] Ähnliches gilt für weitere Studien der Zeit um und nach 1900, etwa von Berthold Vallentin und Emil Ludwig. Dabei war es vor allem der populäre Geschichtsschreiber Ludwig, der mit seiner auflagenstarken und in mehrere Sprachen übersetzten Napoleon-Biographie dessen Bild in breiten Bevölkerungskreisen prägte.[19] Der wichtigste Beitrag zur eigentlichen Napoleon-Forschung jener Jahre aber ist das gigantische Werk von Friedrich M. Kircheisen. Kircheisen, der sein ganzes Leben der Beschäftigung mit Napoleon widmete, hat eine neunbändige Biographie vorgelegt, die zwischen 1911 und 1934 erschien. Sie stellt den Kaiser als talentierten, als genialen, als großen Mann vor. Das Pendel der Beurteilung schlägt bei Kircheisen aber eher ins Gegenteil von Treitschke aus. Napoleon wird von Kircheisen fast schrankenlos bewundert und in seinen Leistungen eher überhöht denn kritisiert.[20]

Viele der biographischen Annäherungen deutscher Publizisten und Historiker an Napoleon lassen ihre Wechselbeziehungen und Abhängigkeiten zum politischen Geschehen erkennen. Das gilt für viele der Zeitgenossen ebenso wie für den preußisch orientierten Historiker Heinrich von Treitschke. In besonders ausgeprägter Weise aber gilt dies für ein Buch von Philipp Bouhler, Mitglied der NSDAP seit 1922, Vorsitzender der Prüfungskommission zum Schutz nationalsozialistischen Schrifttums und seit 1940 Leiter der Reichsstelle für Schul- und Unterrichtswesen. Seine Darstellung „Napoleon. Kometenbahn eines Genies" erschien erstmals 1939 im Verlag Callwey in München und erzielte bis 1943 fünf Auflagen mit 165 000 Exemplaren. Das Interesse des Verfassers gilt dem „Großen Mann" Napoleon, der herausragenden Persönlichkeit, dem Genius. Der Konflikt zwischen Deutschen und Franzosen tritt demgegenüber deutlich zurück. Bouhler beruft sich im Vorwort auf Jacob Burkhardt, der meinte: „Die Geschichte liebt es bisweilen, sich auf einmal in einem Menschen zu verdichten, welchem hierauf die Welt gehorcht. – Die großen Individuen sind die Koinzidenz des Allgemeinen und des Besonderen, des Verharrenden und der Bewegung in einer Persönlichkeit. Sie resümieren Staaten, Religionen, Kulturen und Krisen."[21]

Welches „große Individuum" Bouhler aber tatsächlich im Blick hat, ist leicht zu erraten: „Wenn es trotz der handgreiflichen Gegensätze, die in der Entwicklungsgeschichte des napoleonischen Imperiums und in der des nationalsozialistischen Reiches zutage treten und die nicht zuletzt auch in der charakterlichen Verschiedenartigkeit der beiden Führerpersönlichkeiten begründet sind, dennoch dem aufmerksamen Beobachter nicht entgehen kann, daß viele Auffassungen und Handlungen Napoleons der gleichen Wurzel entspringen wie die des Führers, so ist die Erklärung hierfür höchst einfach: nicht nur, daß die

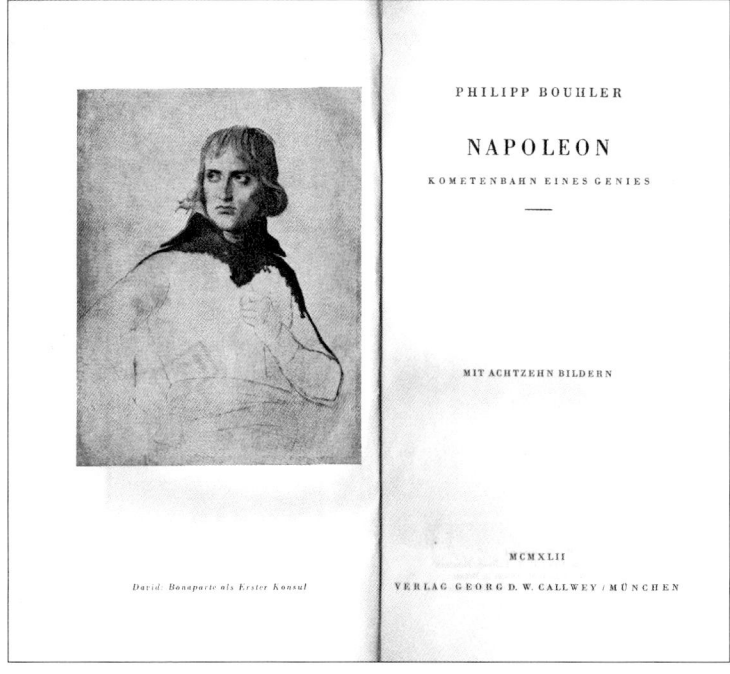

Titelbild: Philipp Bouhler: Napoleon. Kometenbahn eines Genies, München 1942.

Gemeinsamkeit des Genies die beiden Männer miteinander verbindet – es gibt ewige Gedanken, die immer dann wiederkehren und zu Urhebern großer Taten werden, wenn die Gottheit einem Volke die Gnade schenkt, es aus schwerer Krankheit auferstehen zu lassen zu neuem Leben."[22]

Noch deutlicher wird Bouhler an anderer Stelle, als er auf die Befreiungskriege zu sprechen kommt: „Und so sind Not und Elend, Krieg, Tod und politischer Druck, unter denen die deutschen Lande zusammenzubrechen schienen, ebenso die Voraussetzung gewesen für das Erwachen der deutschen Nation wie der Verrat des Marxismus, der verlorene Weltkrieg und die folgende deutsche Katastrophe Voraussetzungen waren für Kampf und Sieg unter der Fahne der nationalsozialistischen Idee und damit für die Geburt des Großdeutschen Reiches Adolf Hitlers."[23]

Solch extreme Indienstnahme Napoleons für politische Zwecke finden sich nach Philipp Bouhler nicht wieder, weder in der DDR noch in der Bundesrepublik. Walter Markov, undogmatischer Marxist auf einem historischen Lehrstuhl in Leipzig, schilderte Napoleon zwar auch aus seiner politischen Perspektive, wobei er den Schwerpunkt auf den militärischen Charakter von Napoleons Diktatur legte und den „Code Napoléon" als Ausdruck kapitalistischer Produktions- und Eigentumsverhältnisse interpretierte. Aber er blieb im Urteil doch abgewogen. So erschien sein Werk „Grand Empire. Sitten und Unsitten der Napoleonzeit" 1984 im Verlag Edition Leipzig und 1985, nicht titel-, aber doch textidentisch, als Lizenzausgabe bei Kohlhammer in Stuttgart.[24] Bereits zuvor hatten Adalbert Wahl und Franz Schnabel abwägende, historisch urteilende Aussagen zu Napoleon getroffen.[25] Ein seriöser biographischer Beitrag ist auch der Essay von Martin Göhring aus dem Jahre 1959 „Napoleon. Vom alten zum neuen Europa". Er folgt in seinem Urteil im Wesentlichen August Fournier. Ähnliches gilt auch für die populäre Napoleon-Biographie aus der Feder von Franz Herre, der 1988 urteilte: „Napoleon Bonaparte verkörperte die Widersprüche des neuen Jahrhunderts, das der Revolutionär und Empereur eröffnete. Er war Stürmer und Dränger und ein Klassizist, ein berechnender Aufklärer und ein ausschweifender Romantiker. Er wollte Autokrat und Demokrat sein, als Liberaler geschätzt und als Diktator gefürchtet."[26] In der Gegenwart spielt Napoleon Bonaparte auch in den erinnerungskulturellen Debatten eine Rolle. Unter dem Stichwort der Erinnerungskultur beschäftigt sich eine wachsende Zahl von Historikerinnen und Historikern mit der Art und Weise, wie Gesellschaften mit der eigenen Vergangenheit umgehen, was sie für gedenkwürdig halten, wie sie über ihre eigene Geschichte diskutieren und wie sich historisches Gedenken öffentlich manifestiert. Man kann einen regelrechten Forschungsboom ausmachen, dessen Ergebnisse sich auch auf dem Buchmarkt und im Feuilleton niederschlagen und damit dafür sorgen, dass das Thema auch außerhalb des akademischen Diskurses breite Resonanz findet.

Im Zentrum des Forschungsbooms hat sich der Terminus „Erinnerungsort" oder auch „Gedächtnisort" etabliert. Man orientiert sich dabei am französischen Vorbild des Pierre Nora. Nora legte zwischen 1984 und 1992 gemeinsam mit rund 100 Mitarbeitern ein gleichermaßen monumentales wie wirkungsmächtiges Werk zu den französischen Erinnerungsorten vor, zu den „Lieux de mémoire".[27] Erklärtes Ziel dieses Unternehmens ist es, wichtige Phänomene der französischen Geschichte in das Gedächtnis der Gesellschaft zurückzuholen. Das Erinnern, so Nora, sei in Frankreich im Laufe des 20. Jahrhunderts mehr und mehr ein „rein privates Phänomen" geworden. Mit den „Lieux de mémoire" solle die historische Erinnerung in neuer Qualität in der Gesellschaft verankert werden. Nora stützte sich dabei explizit auf die Theorie des französischen Soziologen Maurice Halbwachs,[28] der die Konzeption eines „kollektiven Gedächtnisses" entworfen hatte. Doch mustert man die sieben Bände der „Lieux de mémoire" mit ihren rund 130 Beiträgen durch, sucht man einen eigenen Artikel über Napoleon als *französischen* Erinnerungsort vergeblich. Allerdings, das sei der Vollständigkeit halber angemerkt, findet der Kaiser der Franzosen in mehreren anderen Texten Erwähnung.

Anders lautet der Befund im deutschen Nachfolgeunternehmen über „Deutsche Erinnerungsorte".[29] In den drei voluminösen Bänden von Etienne François und Hagen Schulze werden ähnlich wie beim französischen Vorbild nicht lediglich konkrete, materielle Orte abgehandelt, sondern es werden auch immaterielle Bezugspunkte des kollektiven Gedächtnisses der Nation analysiert. Das für Deutschland erarbeitete Konzept von Etienne François und Hagen Schulze unterscheidet sich in mehreren Punkten von dem Ansatz des Franzosen Pierre Nora. Bei den „Deutschen Erinnerungsorten" wird die Überlieferung der Erinnerung als neue Perspektive auf die Vergangenheit benutzt.[30] Die Rückschau findet nicht unter Aspekten der Ereignisgeschichte statt. Es geht vielmehr um strukturgeschichtliche Fragestellungen nach der Rezeption und der Perzeption deutscher „Orte" der Erinnerung, also um Fragen nach der Aufnahme, der Übernahme und Aneignung historischer Phänomene in der Gesellschaft. Gefragt wird danach, wie sich die Erinnerung an ein historisches Ereignis, an eine Person, an ein Denkmal und ähnliches im Laufe der Zeit erhalten hat, wie sie sich entwickelte, wie sich die damit verknüpften Assoziationen möglicherweise auch verändert haben und welche Facetten ein solches Gedächtnis jeweils besitzt.[31] Und hier findet man auch einen Beitrag von Hagen Schulze über Napoleon als deutschen Erinnerungsort.

Schulze beschreibt die Wahrnehmung, Legendenbildung und Nachwirkung Napoleon Bonapartes in Deutschland. Er betont den festen Platz des Kaisers der Franzosen in der deutschen Geschichte und meint zugleich, dass „sich die Widersprüchlichkeit der Erinnerungen an Napoleon als das einzige durchgehende Element"[32] erweist. Trotz eines Rückgangs der Veröffentlichungen über Napoleon lebe er aber „in tieferen Schichten des kulturellen Gedächtnisses"[33] weiter. Thematisiert wird Napoleon Bonaparte im erinnerungskulturellen Kontext darüber hinaus auch in einer früheren Publikation, die sich ebenfalls als Nachfolgeunternehmen des Werkes von Pierre Nora versteht. In einem 1996 erschienenen Band über Orte des gemeinsamen Gedächtnisses von Franzosen und Deutschen findet sich ein Beitrag über „Napoleon, Madame de Staël, Völkerschlacht".[34] Der Verfasser Ilja Mieck bringt zahlreiche Belege bei, die die Bedeutung Napoleons für die Deutschen unterstreichen. Akzentuiert wird auch hier die oft gegensätzliche, stets jedoch sehr intensive Wahrnehmung und Beurteilung Napoleons in den deutschen Territorien.

FRANZOSEN
UND DEUTSCHE
·
ORTE DER
GEMEINSAMEN
GESCHICHTE

*Herausgegeben
von Horst Möller und
Jacques Morizet*

C·H·BECK

*Titelbild: Horst Möller/Jacques Morizet (Hrsg.): Franzosen und Deutsche.
Orte der gemeinsamen Geschichte, München 1996.*

Überhaupt fehlt es keineswegs an Literatur über das Wechselverhältnis zwischen Napoleon und Deutschland. Die Zusammenstellung zeitgenössischer deutscher Stimmen über den Feldherrn und Kaiser[35] findet sich ebenso wie der frühe Versuch einer historiographiegeschichtlichen Bilanz durch Friedrich Stählin.[36] Die deutschen Napoleon-Karikaturen wurden dokumentiert[37] und zahlreiche Briefe deutscher Fürsten an den Kaiser.[38] Noch vor Hagen Schulzes Erwägungen zur erinnerungskulturellen Präsenz Napoleons reklamierte Michael Freund einen „deutschen" Napoleon, indem er apodiktisch und zweifellos etwas überzogen formulierte: „Die Bilder, die sich die Deutschen von Napoleon machten, waren immer Ebenbilder einer deutschen Wirklichkeit, immer nur der Widerschein eines eigenen Schicksals [...]. Wenn Deutsche sich über Tat und Werk Napoleons äußern, dann geht es nicht um den Kaiser der Franzosen, sondern um sie selbst."[39]

Im Jahre 1991 hatte der französische Historiker Roger Dufraisse in einem Essay über „Die Deutschen und Napoleon im 20. Jahrhundert" eine erstaunliche Tatsache aufgezeigt.[40] Die Zahl der Veröffentlichungen in Deutschland, die Napoleon gewidmet sind, war in den Jahren zuvor stetig geringer geworden. Gleiches galt für den Raum, den Napoleon in Schullehrbüchern einnimmt. Während nun aber Hagen Schulze aus dieser Beobachtung von 1991 eine zurückgehende Bedeutung des „deutschen Erinnerungsortes" Napoleon überhaupt ableitet,[41] hat man seither den gegenteiligen Eindruck. Napoleon ist auf dem Buchmarkt und im deutschen Feuilleton der letzten Jahre gut vertreten.[42] Die lange erwartete „große" Napoleon-Biographie aus der Feder eines deutschen Historikers liegt mit der methodisch recht traditionellen, aber glänzend geschriebenen und über weite Passagen aus den Quellen gearbeiteten Darstellung von Johannes Willms inzwischen ebenso vor wie einige kleinere biographische Annäherungen.[43] Auch in der im Juni 2006 eröffneten Dauerausstellung des Deutschen Historischen Museums in Berlin hat Napoleon Bonaparte seinen Platz gefunden. Sein Zweispitz aus Waterloo wird dort ebenso gezeigt wie nicht weniger als drei Napoleon-Porträts.[44]

Im geographischen Umfeld der Doppelschlacht von 1806 ist der Feldherrnkaiser 200 Jahre später gleichsam omnipräsent. 16 Thüringer Museen haben sich zu einem gemeinsamen Ausstellungsprojekt zusammengetan, in dem vor allem den unmittelbaren Auswirkungen des militärischen Geschehens für die Bevölkerung nachgegangen wird.[45] Mehrere Publikationen sind erschienen, die ebenfalls vor allem die Bedeutung von Napoleons Krieg für „Bürger, Bauern und Soldaten" hinterfragen und hierfür zahlreiche Selbstzeugnisse der Mitlebenden zu Rate ziehen.[46] Es finden Ringvorlesungen,[47] Vortragsreihen und Tagungen[48] statt. Ob das Interesse an Napoleon Bonaparte in Thüringen und in Deutschland insgesamt über das Jubiläum der Schlacht bei Jena und Auerstedt hinaus aber so intensiv bleiben wird wie im Jahre 2006, muss sich erst noch erweisen.

3. Thüringen um 1800. Politische Entwicklung und territorialstaatliche Gliederung

Um die Wirkung und Wahrnehmung Napoleons in Thüringen zu hinterfragen, erscheint es als sinnvoll und nützlich, sich zunächst ein Bild von der territorialpolitischen Situation der Region um 1800 zu machen. Denn von Thüringen kann man in jener Zeit zwar geographisch und in gewisser Hinsicht auch unter kulturellen Aspekten sprechen, nicht jedoch unter politischen und verwaltungsmäßigen Kriterien. Die ohnehin beträchtliche Zersplitterung des Heiligen Römischen Reichs deutscher Nation fand in Thüringen einen besonders extremen Ausdruck. Der preußische Historiker Heinrich von Treitschke nannte es missbilligend „das gelobte Land des deutschen Kleinlebens".[49] „Unter allen den Unheilsmächten, welche unserem Volke den Weg zur staatlichen Größe erschwerten, steht die durchaus unpolitische Geschichte dieser Mitte Deutschlands vielleicht obenan. Fast alle anderen deutschen Stämme nahmen doch irgend einmal einen Anlauf nach dem Ziele politischer Macht, die Thüringer niemals. Unsere Kultur verdankt ihnen unsäglich viel, unser Staat gar nichts."[50]

Auch wenn man diese vom preußischen Machtstaatsdenken diktierte Position nicht teilt, ist festzustellen, dass das Fehlen der Primogenitur, des Erstgeburtsrechts, in den Gesetzen der thüringischen Fürstenhäuser lange Zeit zu einer regelrechten Aufsplitterung der Herrschaften geführt hatte.[51] Als Napoleon Bonaparte 1806 nach Thüringen kam, fand er eine beträchtliche Anzahl politisch selbstständiger Territorien vor.[52] Die fast schon sprichwörtliche Kleinräumigkeit der „Duodezfürstentümer" betraf in besonders extremer Weise die reußischen Gebiete, gilt jedoch insgesamt für alle thüringischen Territorialstaaten sowohl in den

ernestinischen als auch in den schwarzburgischen Gebieten.
In der Mitte des 18. Jahrhunderts waren in Thüringen die
territoriale Staatlichkeit und die Verwaltung bereits etabliert.[53]
Die Stände waren weitgehend zurückgedrängt, die Regierungs-
aufgaben wurden von den landesfürstlichen Behörden durchge-
führt. In der Mehrzahl der Staaten ist bereits eine Aufteilung der
Ressorts zu erkennen, wobei der „Rat" bzw. die „Regierung" für
die Justiz, die „Kammer" für die Finanzen und das „Konsistorium" für kirchliche und allgemein geistliche Angelegenheiten
einschließlich der Schulpolitik zuständig waren. Dazu gesellte
sich ein „Geheimer Rat" bzw. ein „Geheimes Consilium", die
die Politik des Staates koordinierten und in vielen Fällen zu einer übergeordneten Zentralbehörde aufstiegen.[54] Dieses allgemeine Schema war aber auch im 18. Jahrhundert noch Veränderungen unterworfen und wies gerade in der Kleinstaatenwelt
Thüringens diverse Spezifika auf.[55]

Der thüringische Besitz der Ernestiner bestand um 1800 aus
den fünf Herzogtümern Sachsen-Weimar-Eisenach, Sachsen-

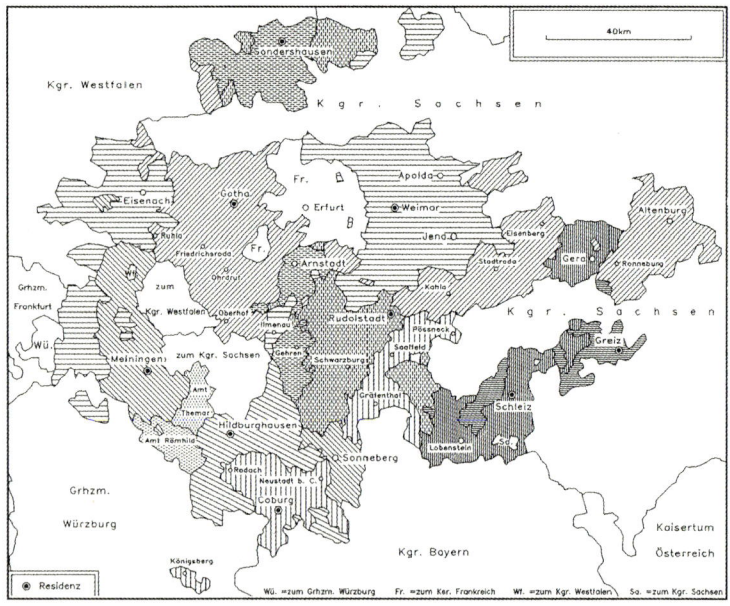

Die thüringischen Staaten 1812

26

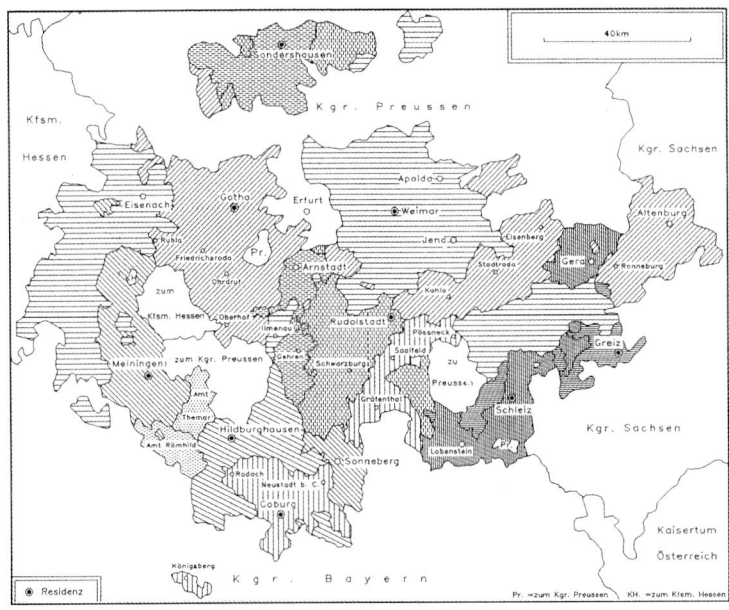

Die thüringischen Staaten 1820

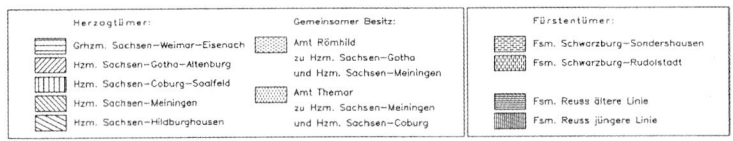

Herzogtümer:	Gemeinsamer Besitz:	Fürstentümer:
Grhzm. Sachsen–Weimar–Eisenach	Amt Römhild zu Hzm. Sachsen–Gotha und Hzm. Sachsen–Meiningen	Fsm. Schwarzburg–Sondershausen
Hzm. Sachsen–Gotha–Altenburg		Fsm. Schwarzburg–Rudolstadt
Hzm. Sachsen–Coburg–Saalfeld	Amt Themar zu Hzm. Sachsen–Meiningen und Hzm. Sachsen–Coburg	
Hzm. Sachsen–Meiningen		Fsm. Reuss ältere Linie
Hzm. Sachsen–Hildburghausen		Fsm. Reuss jüngere Linie

Legende zu den Karten Thüringens aus dem Jahr 1812 und 1820

Gotha-Altenburg, Sachsen-Coburg-Saalfeld, Sachsen-Meiningen und Sachsen-Hildburghausen. In **Sachsen-Weimar-Eisenach**,[56] dessen beide Landesteile Eisenach und Weimar bis 1809 verfassungsmäßig und bis 1849 verwaltungsmäßig getrennt blieben, übernahm im September 1775 Carl August die Regierung des Herzogtums. Die ersten Jahre seiner Herrschaft waren von dem Versuch geprägt, „die fortbestehende politische Dezentralität, Machtverteilung (Stände) und mangelnde Verwaltungsorganisation durch integrative, personenzentrierte Modelle mit in Ansätzen dialogischen Politikformen zu kompensieren".[57] Akzente wurden in der Folge jedoch vor allem außenpolitisch gesetzt.[58] „Dem Geiste der Selbstsucht und Trägheit, welche seit dem westfälischen Frieden die Fürsten niederdrückt"[59], müsse ein Ende gesetzt werden, meinte Carl August. Er plante einen Kleinstaatenbund zum gegenseitigen Schutz. Und obgleich der im Juli 1785 gegründete Fürstenbund den Vorstellungen des Herzogs nicht in vollem Umfang entsprach, wurde Sachsen-Weimar-Eisenach am 29. August 1785 Mitglied. Carl August lehnte sich vor allem an Preußen an und trat 1787 in die preußische Armee ein. Das weitere Geschehen war durch die Teilnahme Carl Augusts an der „Campagne in Frankreich" 1792 und an der Belagerung von Mainz sowie durch den formellen Kriegsbeitritt des Herzogtums 1793 gekennzeichnet. Der Separatfriedensvertrag von Basel zwischen Frankreich und Preußen 1795 weckte dann neue Hoffnungen auf einen allgemeinen Reichsfrieden, die sich aber nicht erfüllten. Doch es gelang Carl August, die thüringischen Staaten aus den Verpflichtungen des Reichskrieges zu lösen, zugleich den streng reichsloyalen Kurfürsten Friedrich August III. von Sachsen auf die eigene Position zu bringen und so am 13. August 1796 mit den Franzosen unter General Jourdan für den Obersächsischen Reichskreis einen Waffenstillstand zu schließen. Was folgte, war eine Friedenszeit im Schatten großer Kriege, das Jahrzehnt der so genannten „hohen Klassik" bis 1805/06. Mit der Auflösung des Heiligen Römischen Reichs deutscher Nation am 6. August 1806 wurde Sachsen-Weimar-Eisenach wie die anderen thüringischen Staaten souverän. Von diesem schicksalhaften Tag war es nur ein kurzer Zeitraum, bis es am 14. Oktober auf dem Territorium des Herzogtums zur welthistorischen Schlacht kam. Nach dem Sieg Napoleons bei Jena kam es zu erheblichen wirtschaftlichen Erschütterungen[60] und zu erheblichen politischen Veränderungen, die nicht zuletzt aus dem Beitritt zum Rheinbund resultierten.

Das Herzogtum **Sachsen-Gotha-Altenburg** war dem Weimarer Staatswesen in der Mitte des 18. Jahrhunderts an Gebietsausdehnung und Bevölkerungszahl, aber auch an außenpolitischem Ansehen noch deutlich überlegen gewesen.[61] Dies hatte sich dann in der „klassischen Zeit" zumindest hinsichtlich des politischen Renommees geändert, obwohl auch unter Ernst II.,

Herzog Carl August von Sachsen-Weimar-Eisenach – Kupferstich von C. Müller

der von 1772 bis 1804 auf dem Gothaer Friedensstein residierte, die intensive Förderung von Kunst und Wissenschaften sowie eine aufgeklärte Regierungspraxis fortgesetzt wurden.[62] Innerhalb der gothaischen Linien des ernestinischen Hauses, zu denen auch Coburg-Saalfeld, Meiningen und Hildburghausen zählten, nahm der Herzog von Gotha eine Vorrangstellung ein. Ernst II. plädierte engagiert für religiöse Toleranz und für die Ideen der Aufklärung.

Hinsichtlich der Behördenorganisation des Herzogtums blieben in beiden Landesteilen Altenburg und Gotha jeweils die

29

Regierung, das Oberkonsistorium, die Kammer und das Obersteuerkollegium als Regionalverwaltungen bestehen, in Gotha zusätzlich das Kriegskollegium. Gemeinsame Oberbehörde für das gesamte Herzogtum war das Geheime Ratskollegium in Gotha.[63] Es avancierte aus einem Beratungsgremium des Herzogs faktisch zu einer Staatsregierung. Seit 1809 wurde das Kollegium als Geheimes Ministerium bezeichnet, die Geheimen Räte wurden Minister. Dominierende Beamtenpersönlichkeit war der über ein halbes Jahrhundert an verantwortlicher Stelle im Herzogtum tätige Sylvius Friedrich Ludwig von Frankenberg

Herzog Ernst II. von Sachsen-Gotha-Altenburg – Öl auf Leinwand, um 1800

und Ludwigsdorff. Zunächst als Geheimer Rat und seit 1788 als Staatsminister, hatte Frankenberg einen weit umfassenden Wirkungskreis und wurde nach dem Tod Ernst II. 1804 faktisch zum Regenten.

Die letzten Jahre des 18. und der Beginn des 19. Jahrhunderts waren im Herzogtum Sachsen-Gotha-Altenburg eine Zeit kultureller und wissenschaftlicher Blüte, aber auch bemerkenswerter publizistischer Unternehmungen.[64] Hinsichtlich der politischen Bedeutung hatte man den Vorrang innerhalb Thüringens bereits unter Ernst II. an Weimar abgegeben. Unter seinem Sohn und Nachfolger August verlor Gotha weiter an politischem Renommee. August war ein großer Bewunderer Napoleons und stellte in einem Vertrag vom 15. September 1806 sein Truppenkontingent dem König Louis Napoleon von Holland zur Verfügung.[65] Den antifranzösischen Plänen Preußens und Sachsens hatte er sich im Sommer des gleichen Jahres entzogen,[66] was die Lage des Herzogtums nach der Schlacht bei Jena und Auerstedt sehr erleichterte. Wie die anderen ernestinischen Staaten trat man im Dezember 1806 dem Rheinbund bei.[67]

Auch in **Sachsen-Meiningen**[68] bestand die verwaltungsmäßige Dreiheit von Regierung, Konsistorium und Kammer, zu der für die außenpolitischen Angelegenheiten 1706 noch das Geheime Ratskollegium hinzukam.[69] Nachdem sich bereits unter der Regentin Charlotte Amalia in Meiningen ein aufgeklärt-wohlmeinendes Fürstenregiment etabliert hatte, wurden diese politischen Prinzipien auch während der 28jährigen Alleinregierung von ihrem Sohn Georg seit 1782 fortgeführt. Als Georg I. am 24. Dezember 1803 verstarb, hinterließ er zwei Töchter und den erst dreijährigen Sohn Bernhard Erich Freund. Georgs Witwe Luise Eleonore übernahm für letzteren die obervormundschaftliche Regierung. Und auch für Sachsen-Meiningen erfolgte nach dem Sieg Napoleons bei Jena am 15. Dezember 1806 der Beitritt zum Rheinbund.[70]

Ein einheitliches Staatswesen mit dem Namen **Sachsen-Coburg-Saalfeld** existierte erst seit dem Vertrag vom 4. Mai 1805.[71] Die coburgische Zentralverwaltung war nach gothaischem Vorbild in Regierung, Konsistorium und Kammer gegliedert worden,[72] später kam ein Geheimes Ratskollegium hinzu.

Unter Herzog Franz Josias wurden dann in der Mitte des 18. Jahrhunderts die Voraussetzungen für eine neue Zentralverwaltung, ein Geheimes Ratskollegium, geschaffen. Zu den Landeskollegien Regierung, Konsistorium und Kammer bestanden enge personelle Verflechtungen. Während diese nur für den coburgischen Landesteil zuständig waren, umfasste das Geheime Ratskollegium formal das gesamte Territorium. Allerdings sorgte die komplizierte staatsrechtliche Stellung des saalfeldischen Landesteils, dessen Geheime Kanzlei in landeshoheitlichen Angelegenheiten auch jetzt den altenburgischen Landeskollegien unterstellt blieb, dafür, dass das Coburger Geheime Ratskollegium im Wesentlichen die Rolle eines beratenden Organs des Landesherrn spielte. Zu einer obersten Landesbehörde entwickelte es sich nicht.

Nach dem Tod von Franz Josias 1764 trat sein ältester Sohn Ernst Friedrich als Alleinerbe die Nachfolge an. Er regierte fast 36 Jahre und starb am 8. September 1800. Als besonders bedrückend und hinderlich für eine rasche Modernisierung des Staatswesens erwies sich die immense Schuldenlast, die sich unter Herzog Ernst Friedrich sogar noch vermehrte. Die Bitte Herzog Ernst Friedrichs um Zahlungsaufschub für die aus diversen Prozessen herrührenden finanziellen Verpflichtungen beantwortete Kaiser Joseph II. 1773 mit der Einsetzung einer Debit- und Administrationskommission, die dem Herzog die Finanzverwaltung in seinem Lande entzog.

Die zerrütteten Staatsfinanzen und das geringe persönliche Profil des Herzogs sorgten dafür, dass Sachsen-Coburg-Saalfeld im letzten Drittel des 18. Jahrhunderts politisch recht unbedeutend blieb. In die kurze Regierungszeit von Ernst Friedrichs Sohn Franz fiel dann der Versuch, mit Hilfe des 1801 berufenen Theodor Konrad von Kretschmann das Schuldenwesen im Herzogtum zu ordnen und die Verwaltung zu reformieren. Kretschmann erreichte 1802 die Aufhebung der kaiserlichen Debitkommission, löste das Geheime Ratskollegium auf und gründete ein Landesministerium mit sich selbst an der Spitze.[73] Danach wurden alle bisherigen Landeskollegien und Immediatkommissionen zur Landesregierung zusammengefasst, die dem Ministerium unterstand. Verwaltung und Justiz wurden voneinander ge-

trennt, der Herzog weitgehend von der laufenden Verwaltungs-
arbeit ausgeschaltet.

Kretschmann gelang es, in mehreren Schritten den verwor-
renen staatsrechtlichen Zustand des Herzogtums zu beseitigen.
Seine Verwaltungsreform markiert den Übergang zu einem modernen bürgerlichen Staatswesen in Coburg, war jedoch keineswegs unumstritten. Am 4. Mai 1805 kam es zum Abschluss eines Vertrages mit Sachsen-Gotha-Altenburg, durch den das Saal-
felder Gebiet vom Fürstentum Altenburg unabhängig und Coburg mit Saalfeld zu einem einheitlichen Staatswesen verbunden
wurde. Das Fürstentum bestand jetzt aus den Ämtern Coburg,
Themar, Saalfeld und Gräfenthal-Probstzella. Wie die anderen
ernestinischen Herzogtümer trat Sachsen-Coburg-Saalfeld am
15. Dezember 1806 dem Rheinbund bei.[74]

Sachsen-Hildburghausen besaß eine Kammerverwaltung
für die grundherrlichen Angelegenheiten sowie Regierung und
Konsistorium. Ein Geheimer Rat für die Belange des herzoglichen Hauses und für die Außenpolitik wurde 1780 geschaffen.[75] Obwohl auf Sachsen-Hildburghausen beträchtliche Schul-
den lasteten, frönte der seit 1748 an der Spitze des Staates stehende Herzog Ernst Friedrich III. in besonderem Maße dem
Hofleben und der Kulturpflege.[76] In der Folge verschlechterte
sich die finanzielle Situation des Herzogtums durch die höfische
Prachtentfaltung und den Ausbau eines Lustgartens noch weiter,
während die Steuerbelastung der Bevölkerung anstieg. Als die
Schuldenlast eine Höhe von vier Millionen Gulden erreicht
hatte, setzte Kaiser Joseph II. eine Debitkommission zur Wie-
derherstellung geordneter finanzieller Verhältnisse ein. Nach
dem Tod Ernst Friedrichs III. 1780 übernahm dessen Großonkel,
Prinz Joseph, die Regentschaft für den noch unmündigen Friedrich III. Er hatte bereits zuvor der kaiserlichen Schuldenkom-
mission angehört. Der nach Josephs Tod 1807 selbstständig regierende Friedrich III. konzentrierte sein Wirken auf die Sanie-
rung der Finanzen. Am 15. Dezember 1806 wurde auch für
Hildburghausen der Beitritt zum Rheinbund vollzogen.

Das Fürstentum **Schwarzburg-Rudolstadt** hatte seinen Verwaltungsmittelpunkt und Regierungssitz in der Schwarzburgischen Oberherrschaft, in Rudolstadt.[77] Zur Oberherrschaft ge-

hörten außerdem Blankenburg, Leutenberg und Schwarzburg, während die Ämter Frankenhausen und Schlotheim zur Unterherrschaft zählten. Diese territoriale Zweiteilung brachte für die Verwaltung eine Reihe von Problemen mit sich, die in ähnlicher Weise auch in Schwarzburg-Sondershausen bestanden. Dabei gelang es in Schwarzburg-Rudolstadt noch relativ gut, die Unterherrschaft an den Regierungssitz zu binden. Bereits 1712 war in Rudolstadt ein Geheimes Ratskollegium eingerichtet worden, das die Selbstständigkeit der Behörden in Frankenhausen weitgehend einschränkte.[78] Der Prozess einer Zentralisierung wurde dann 1809 durch die Umwandlung der Regierung in eine Landeshauptmannschaft und des Konsistoriums in eine Kircheninspektion weitgehend abgeschlossen.

Obwohl Schwarzburg-Rudolstadt 1710 in den Reichsfürstenstand erhoben worden war, erlangten seine Herrscher kaum eine über den Kleinstaat hinausreichende politische Bedeutung.[79] Von 1767 bis 1790 regierte Ludwig Günther II., der als ein aufgeklärter und dem Neuen aufgeschlossener Fürst galt. Die Regierungsgeschäfte lagen jedoch im Wesentlichen in der Hand des Kanzlers und Geheimen Rats Christian Ulrich Freiherr von Ketelhodt. Auf Ludwig Günther II. folgte 1790 dessen Sohn und Mitregent der letzten Jahre, Fürst Friedrich Karl. Nach seinem Tod 1793 stand dessen Sohn Ludwig Friedrich II. bis 1807 an der Spitze des Fürstentums. Das politische Geschehen in Schwarzburg-Rudolstadt um 1800 glich in vieler Hinsicht dem der anderen Thüringer Staaten. Dem Krieg wich man mit dem Beitritt zum Waffenstillstand zwischen dem Obersächsischen Reichskreis und den Franzosen 1796 aus. Nach der Auflösung des Reiches beteiligte man sich an den Verhandlungen zur Bildung einer thüringisch-sächsischen Union. Nach der Schlacht bei Jena und Auerstedt erfolgte am 18. April 1807 der Beitritt Schwarzburg-Rudolstadts zum Rheinbund,[80] zeitgleich mit Schwarzburg-Sondershausen und mit den reußischen Fürstentümern.

Das Fürstentum **Schwarzburg-Sondershausen** hatte seinen Verwaltungsmittelpunkt in der Unterherrschaft in Sondershausen, die mit den Ämtern Clingen, Ebeleben, Keula und Sondershausen ein geschlossenes Territorium bildete.[81] Die Oberherrschaft bestand aus den Ämtern Arnstadt-Käfernburg und Gehren. Anders als in Schwarzburg-Rudolstadt gelang es in Schwarzburg-Sondershausen nicht, das kleinere Territorium, in diesem Falle die Oberherrschaft mit dem Zentrum Arnstadt, in eine einheitliche, straffe Verwaltungsstruktur einzubauen und somit ein geschlossenes Staatsgebilde zu schaffen.[82] Die Arnstädter Behörden führten in vieler Hinsicht lange Zeit ein Eigenleben. Am 3. September 1697 war Graf Christian Wilhelm von Schwarzburg-Sondershausen in den Reichsfürstenstand erhoben worden.

Von einer bemerkenswerten, über das eigene Territorium hinausreichenden selbstständigen Politik kann in Sondershausen nicht die Rede sein. Als Christian Günther I. 1758 auf den Thron kam, befand sich das Land in einem desolaten Zustand. Verwaltung und Justiz lagen am Boden. Christian Günther I. gelang es jedoch, in sechsunddreißigjähriger Regierungstätigkeit wieder geordnete Verhältnisse herzustellen. Ihm folgte Günther Friedrich Karl I., der seit 1794 regierte und dessen Herrschaft auch die napoleonische Zeit überdauerte. Er saß bis 1835 auf dem Sondershäuser Thron. Der Beitritt Schwarzburg-Sondershausens zum Rheinbund erfolgte am 18. April 1807.[83]

Bei dem im Gebietsumfang recht bescheidenen Haus der Herren Reuß hatte sich das Teilungsprinzip im 17. Jahrhundert bis zur Selbstpreisgabe ausgetobt.[84] Durch das Aussterben mehrerer Linien wurde die Zahl der Häuser in der Folge aber erheblich verringert. Dies betraf insbesondere **Reuß älterer Linie**, die zunächst noch eine Unterlinie führte und nach dem Verlöschen von Reuß-Untergreiz im Jahre 1768 wieder in einer Hand vereinigt war.[85] Bis 1800 regierte Graf Heinrich XI. Reuß-Greiz, der von Kaiser Joseph II. 1779 für sein Haus die Verleihung bzw. Erneuerung der Reichsfürstenwürde erhielt. Am 28. Juni 1800 übernahm der bisherige Erbprinz als Heinrich XIII. die Regentschaft. Er hatte bis dahin hohe Ämter im österreichischen bzw. im Reichsdienst bekleidet und erlangte in der Folge im Gesamthaus Reuß eine dominierende Position. Auf Heinrich XIII. Reuß-Greiz, der am 29. Januar 1817 verstarb, folgte Heinrich XIX.[86]

Die Fürsten Reuß ä.L. besaßen die Herrschaften Greiz und Burgk. Hauptstadt und Residenz war Greiz. Das kleine Land wurde seit 1768 als ein Ganzes administriert,[87] wobei sich das Regierungs- und das Justizkollegium, das Konsistorium und die Kammer die Aufgaben in der üblichen Weise teilten. Ob seiner Kleinheit spielte das Fürstentum naturgemäß keine auffallende politische Rolle. Die Zeit des Reichskriegs endete für das Land zunächst mit dem 1797 erfolgten Beitritt zum Waffenstillstand. Am 18. April 1807 wurde die Aufnahme von Reuß ä.L. in den Rheinbund vollzogen.[88]

Reuß jüngerer Linie bestand im späten 18. Jahrhundert noch aus den Unterlinien Gera, Schleiz, Lobenstein und Ebersdorf.[89] Im Jahre 1802 starb mit dem seit 1748 regierenden Heinrich XXX. das Haus Gera aus. Wenig später erlosch auch das Haus Lobenstein, das nach dem Tod Heinrichs XXXV. am 30. März 1805 von der Nebenlinie Lobenstein-Selbitz beerbt wurde. So blieben in der jüngeren Linie Reuß die drei Zweige Schleiz, Lobenstein und Ebersdorf übrig, die von nun an das Haus Gera gemeinsam regierten. Gera war seit 1604 Sitz der Fürstlich Reußischen Gemeinschaftlichen Regierung (Justiz- und Lehnssachen),[90] mit der das gemeinsame Konsistorium verbunden war. Für das Fürstentum Gera selbst wurde dann 1802 eine Landesadministration als obere Landesbehörde errichtet. Für Schleiz war neben den zentralen Instanzen das Landesökonomie- und Landesfinanzdepartement als obere Landesbehörde zuständig, der unter anderem die Hof- und Kammerkommission nachgeordnet war. Sie wirkte als allgemeine Landesverwaltungs- und Polizeibehörde. Ähnliche Strukturen wiesen die Administrationen von Reuß-Lobenstein und Reuß-Ebersdorf auf.

Reuß-Schleiz wurde bis 1784 von Heinrich XII. regiert, dem von 1784 bis 1818 Heinrich XLII. folgte. Er war der wohl am stärksten von aufklärerischem Denken beeinflusste reußische Fürst. Reuß-Ebersdorf stand von 1779 bis 1822 unter der Regentschaft von Heinrich LI., dem Heinrich LXXII. nachfolgte. Die Häuser der jüngeren Linie Reuß gingen lange Zeit ähnliche Wege wie Reuß älterer Linie. Dazu zählten sowohl der Anschluss an den Waffenstillstand des Obersächsischen Reichskreises mit den Franzosen vom August 1796, der 1797 erfolgte, als auch der Beitritt zum Rheinbund am 18. April 1807 und die Stellung des Rheinbundkontingents.

Erfurt nahm als größte Stadt Thüringens einen besonderen Status ein.[91] Seit 1664 war Erfurt Bestandteil des geistlichen Kurstaates Mainz und wurde von kurmainzischen Statthaltern regiert. Von 1774 bis 1802 stand Friedrich Karl Joseph Freiherr von Erthal als Kurfürst von Mainz und Fürstbischof von Worms an der Spitze des geistlichen Kurstaates.[92] Die für die Geschicke Erfurts maßgebende Persönlichkeit war in dieser Zeit der Mainzer Statthalter Carl Theodor Freiherr von Dalberg, der von 1772 bis 1802 im Amt war.[93] Der Statthalter verfügte über eine eigene Administration für die innere Verwaltung, das Militärwesen, die Gesetzgebung und die Rechtspflege. Im Jahre 1802 kam Erfurt durch die Säkularisation unter preußische und durch den Kriegsverlauf 1806 unter französische Herrschaft. Napoleon hatte die günstige strategische Lage Erfurts sofort erkannt. Mit Dekret vom 4. August 1807 wurde die Stadt und ihr Umland zu einem dem Kaiser der Franzosen persönlich unterstellten Gebiet erklärt, zur „Domain réservé à l'Empereur".[94] Napoleon Bonaparte behielt das „Fürstentum Erfurt" bis Januar 1814 fest in seiner Hand und veranstaltete hier 1808 jenen großen Fürstenkongress,[95] auf dem auch die thüringischen Regenten vertreten waren und sich im Glanz des französischen Kaisers sonnten. Dem späten Abzug der Franzosen folgte 1814 eine preußische Übergangsverwaltung. Nach dem Zweiten Pariser Frieden wurde Erfurt endgültig Bestandteil Preußens.

Die freien Reichsstädte **Mühlhausen** und **Nordhausen**, hinsichtlich ihrer Einwohnerzahl mit ca. 9.000 bzw. 8.000 zu den größten thüringischen Orten zählend, führten am Ende des 18. Jahrhunderts politisch eine recht kümmerliche Existenz.[96] Auch kulturell und in wirtschaftlicher Hinsicht hatten sie ihre besten Zeiten bereits hinter sich. In beiden Städten erfolgte die Regierung durch zwei Ratskollegien. Während der innere Rat die eigentlichen Geschäfte führte, fungierte der äußere Rat als Kontrollorgan. Nachdem Mühlhausen und Nordhausen im August 1802 an Preußen gefallen waren, ließ man die örtlichen Behörden unter der neuen Oberverwaltung weiterhin amtieren. Nach der Schlacht von Jena und Auerstedt und dem sich anschließenden Rückzug der Preußen folgte eine kurze Periode französischer Besatzungsherrschaft. Neben mancherlei Bedrückung brachten die Jahre von 1807 bis 1813 auch die französische Gesetzgebung und eine einheitliche Rechtssprechung auf der Grundlage des Code Napoléon mit sich. Nach der Völkerschlacht von Leipzig wurden Mühlhausen und Nordhausen der preußischen Provinz Sachsen zugeschlagen, ebenso wie Erfurt und der Großteil des Eichsfeldes.

Die thüringischen Territorialstaaten verfügten um 1800 über eine Fläche, die rund einem Fünfzigstel des Heiligen Römischen Reichs deutscher Nation entsprach. Nur um ein Geringfügiges höher war der prozentuale Bevölkerungsanteil. In den ernestinischen Herzogtümern lebten auf 7.764 km^2 etwa 405.000 Einwohner, in den zwei Fürstentümern Schwarzburg auf zusammen 1.925 km^2 rund 111.000 Menschen. Erfurt zählte am Ende des 18. Jahrhunderts etwa 16.500 Einwohner, die Universitätsstadt Jena rund 4.500. In Ebersdorf, immerhin „Metropole" eines deutschen Fürstentums, lebten lediglich 1.068 Menschen. Ehemals ein Kerngebiet der Reformation, war Thüringen konfessionell ganz überwiegend protestantisch. Einzige nennenswerte Ausnahme war das katholisch geprägte Eichsfeld.

Beim Ansturm der Truppen Napoleons war Thüringen also von einer ausgesprochenen territorialstaatlichen Vielfalt gekennzeichnet. Die geopolitische Kleinräumigkeit führte dazu, dass die Region unter machtpolitischen Kriterien recht unbedeutend war. Darauf hatte bereits der oben zitierte Heinrich von Treitschke hingewiesen.[97] Die kulturellen Potenzen Thüringens aber waren beträchtlich, was nicht zuletzt der Vielzahl der Residenzen zu verdanken war.[98] Die Wechselbeziehungen zwischen weitgehender politischer Bedeutungslosigkeit auf der einen und beeindruckenden kulturellen Leistungen auf der anderen Seite wurden von einer französischen Schriftstellerin auf den Punkt gebracht, die alles andere als eine Freundin Napoleons war, Germaine de Staël. Madame de Staël, die vor Napoleon ins Exil geflüchtet war und deren Schriften von ihm verboten wurden, weilte drei Jahre vor dem Kaiser der Franzosen in Thüringen und traf dabei mit den wichtigsten Köpfen der Zeit zusammen. In ihrer berühmten Schrift „De L'Allemagne" notierte sie: „Diese Zerrissenheit Deutschlands, die sich verhängnisvoll auf seine politische Kraft auswirkte, war jedoch überaus günstig für alle möglichen Versuche, die Genie und Einbildungskraft wagen mochten. In bezug auf literarische und metaphysische Meinungen herrschte eine Art milder, friedlicher Anarchie, die jedermann gestattete, seine individuelle Anschauungsweise vollständig frei zu entwickeln."[99]

4. Napoleons Krieg in Thüringen 1806

„So eben kommt ein Kourier an, aus dessen mitgebrachten Depeschen so viel hervorgeht, daß am 14 Okt. in der Gegend von Jena zwischen den kaiserl. französischen und königl. preuß. Heeren ein äusserst hartnäckiges Treffen vorgefallen ist, das sich zuletzt zum Vortheile des erstern entschied."[100]

So lautete die erste Nachricht von der Schlacht bei Jena in einer der großen, überregionalen Tageszeitungen Deutschlands. Zwei Tage später hatte man im gleichen Blatt auch schon eine Bewertung des denkwürdigen Geschehens parat, die sich trotz des nur knappen zeitlichen Abstandes zumindest in der Tendenz als zutreffend erweisen sollte: „Man stellt diese Schlacht, welche zwischen Jena und Weimar geliefert wurde, der von Austerlitz an die Seite; ja man glaubt sie noch wichtiger in Rücksicht auf ihre mutmaßlichen Folgen."[101]

Für Napoleon Bonaparte waren die Kampfhandlungen im Herbst 1806 nicht viel mehr als eine Episode in einer langen Reihe weit ausgreifender Kriegszüge. Für die Bevölkerung in Thüringen waren sie eine Katastrophe. Bevor das militärische Geschehen in Thüringen im Jahre 1806 knapp skizziert wird, sei der historische Bogen jedoch noch etwas weiter geschlagen: Nach dem Aufstieg Napoleon Bonapartes zum Ersten Konsul 1799 hatten der Frieden von Lunéville mit Österreich und dem Reich im Februar 1801 und der Friedensschluss von Amiens mit Großbritannien im März 1802 für die Franzosen eine kurze Friedensperiode gebracht.[102] Der Zweite Koalitionskrieg war zu Frankreichs Gunsten entschieden. Der Besitz Italiens und die Rheingrenze waren gesichert, Frankreich saturiert. Napoleon nutzte die Atempause zur innenpolitischen Festigung seiner

Herrschaft und zu ersten Schritten einer territorialen Neugliede-
rung Deutschlands. Am Ende dieser Periode stand die Gründung
des Empire mit der Kaiserkrönung Napoleons am 2. Dezember
1804. Seinen Hauptgegner Großbritannien verlor Napoleon bei
all dem jedoch nicht aus den Augen. Er betrieb intensive Pla-
nungen für eine Invasion in England, die sich jedoch letztlich
nicht realisieren ließen. Größer waren seine Möglichkeiten auf
dem Territorium des Heiligen Römischen Reichs deutscher
Nation.

Nach Wiederaufnahme der Kampfhandlungen und ersten
Siegen über die Österreicher in Südwestdeutschland konnte er
schließlich am ersten Jahrestag seiner Kaiserkrönung die verei-
nigte russisch-österreichische Streitmacht in der „Dreikaiserschlacht" bei Austerlitz vernichtend schlagen. Zuvor allerdings
hatte der Kaiser der Franzosen in der Seeschlacht bei Trafalgar
am 21. Oktober 1805 auch eine empfindliche Niederlage erlitten. Der Tod des englischen Admirals Lord H. Viscount Nelson
im Kampf war keineswegs ein Ausgleich für den Verlust der
französischen Flotte. Den Traum von einer Invasion in England
musste Napoleon nun aufgeben. Trafalgar und Austerlitz be-
wirkten so eine langfristige Umstellung der französischen Politik. Rohstoffquellen und neue Märkte suchte er fortan aus-
schließlich auf dem europäischen Kontinent zu erschließen.
Eine Expansion in diese Richtung war nur mit politischem und
militärischem Druck möglich.

Einen politischen Coup landete Napoleon, als er ein halbes
Jahr nach der Schlacht bei Austerlitz, welche im Dezember 1805
geschlagen wurde, im Juli 1806 den Rheinbund gründete und
danach Kaiser Franz II. zur Niederlegung der Kaiserkrone
zwang. Napoleon Bonaparte zog aber auch die militärische Karte, um Preußen und Sachsen in sein System einzubinden. Preußen war im Frieden von Basel 1795 aus der ersten Koalition gegen die französische Republik ausgeschieden und hatte seither
eine Politik der Neutralität verfolgt. Dafür war es gut honoriert
worden, unter anderem bei der Aufteilung Polens 1795. Nach
dem Frieden von Lunéville profitierte Preußen von der Aufteilung der geistlichen und reichsstädtischen Territorien im Alten
Reich. Als Frankreich aber 1805 mit einem ungenehmigten

Truppendurchmarsch Preußens Neutralität verletzte und den Berliner Hof damit zum Anschluss an die gegnerische Koalition zwang, mobilisierte dieser zwar die Armee, zögerte aber deren Eingreifen solange hinaus, bis die Schlacht bei Austerlitz den Krieg entschieden hatte. Napoleon Bonaparte hatte es jetzt aber nicht mehr nötig, dem preußischen König Friedrich Wilhelm III. irgendwelche Zugeständnisse zu machen. Preußen erhielt zwar Anfang 1806 das zuvor in Personalunion mit der britischen Krone verbunden gewesene Kurfürstentum Hannover, was ihm eine Kriegserklärung Londons einbrachte, musste aber dafür andere wichtige Gebiete an Frankreich abgeben. Noch viel einschneidender war es für das Getreideexportland Preußen, dass es nun seine Grenzen für den britischen Handel sperren musste. Auf das Bündnis des preußischen Königs Friedrich Wilhelm III. mit Zar Alexander reagierte Napoleon Bonaparte mit einer demütigenden Erpressungspolitik. Napoleon stellte Preußen faktisch vor die Alternative, sich seinen Plänen zu unterwerfen wie die Fürsten der Rheinbundstaaten oder es auf einen Krieg ankommen zu lassen. Im Sommer 1806 ging er sogar so weit, England die Rückgabe Hannovers anzubieten, um Preußen weiter unter Druck zu setzen. Der preußische König begann daraufhin, seine nach Austerlitz erst demobilisierten Streitkräfte erneut in Kriegsbereitschaft zu versetzen. Am 26. September 1806 stellte Friedrich Wilhelm III. von Preußen dann Napoleon ein bis zum 8. Oktober befristetes Ultimatum, das zwei Forderungen enthielt,[103] die für den Kaiser der Franzosen letztlich unannehmbar waren: Den sofortigen Abzug aller französischen Truppen aus Süddeutschland und die Zustimmung Frankreichs zur Bildung eines Norddeutschen Bundes unter der Führung Preußens, also faktisch eines Gegengewichts zu dem unter Napoleons Protektorat stehenden Rheinbund.

Wie bei vielen anderen Gelegenheiten auch handelte der Kaiser der Franzosen rasch, mit strategischem Geschick und taktischem Kalkül. Napoleons Ziel war es, den Aufmarsch der preußischen Streitkräfte zu unterlaufen und Preußen von seinen Verbündeten, insbesondere von den ebenfalls in den Krieg eingetretenen Sachsen, zu trennen. Der Krieg musste entschieden werden, bevor der russische Zar dem Preußenkönig militärisch zu Hilfe kommen konnte. In drei Marschkolonnen, die zusammen 160.000 Mann zählten, drangen die Truppen Napoleons seit dem 7. Oktober durch die Täler von Saale und Elster nach Norden vor. Die preußisch-sächsische Armee wollte, ebenfalls in drei Marschsäulen, über den Thüringer Wald hinweg in die Rheinbundterritorien vorstoßen. Nachdem sie ihren Aufmarsch abgeschlossen hatte, bewegte sie sich mit Marschrichtung Südwesten durch Mittelthüringen. Doch schon bald wurde der preußischen Führung klar, dass sie in der Gefahr schwebte, vom eigenen Hinterland abgeschnitten zu werden. Bereits am 9. Oktober 1806 wurden bei Schleiz preußische Flankenverbände unter General Tauentzien aufgerieben. Einen Tag später hatte die Vorhut der Hohenloheschen Armee unter Führung des preußischen Prinzen Louis Ferdinand bei Saalfeld Berührung mit dem Feind und dabei eine vernichtende Niederlage erlitten. Louis Ferdinand, der als Hoffnungsträger Preußens galt, fand dabei den Tod.[104] Die preußische Armeeführung leitete in dieser Situation eine Rückzugsbewegung ein und versuchte, an Saale und Elbe eine Abwehrstellung aufzubauen. Dort wollte sie Napoleon zu einer Schlacht zwingen. Das bei Jena stehende Armeekorps unter dem Fürsten Friedrich Ludwig von Hohenlohe-Ingelfingen erhielt die Aufgabe, vorerst in diesem Raum zu bleiben und die Hauptarmee unter dem Herzog Karl Wilhelm Ferdinand von Braunschweig zu decken. Diese sollte entlang der Haupthandelsstraße Erfurt-Buttstädt-Naumburg nach Nordosten marschieren und am Vormittag des 14. Oktobers nördlich von Naumburg die Unstrut überschreiten. Die ursprüngliche Vorhut der Hauptarmee unter Herzog Carl August von Sachsen-Weimar-Eisenach, die bereits bis Meiningen gekommen war, erhielt Befehl, sich in den Raum Erfurt zurückzuziehen, während das dritte Korps unter General Rüchel, das für den Vorstoß auf Frankfurt am Main vorgesehen gewesen war, dem Rückzug der Hauptarmee im Abstand eines Tages folgte.

Napoleon Bonaparte, der seit dem 9. Oktober in Thüringen weilte und die Bewegungen seiner Armeen koordinierte, hatte die preußische Armee zunächst in der Gegend um Gera vermutet. Am 12. Oktober ließ er aber seine gesamten Streitkräfte auf

Porträt von Louis Ferdinand von Preußen – Grassi, Öl auf Leinwand

Naumburg-Dornburg-Jena vorrücken. Noch am gleichen Tag besetzten die Franzosen Naumburg, am 13. Oktober die Universitätsstadt Jena. Hohenlohes Truppen bezogen inzwischen auf dem Hochplateau nordwestlich von Jena Position. Da Hohenlohe den Gegner lediglich hinhalten sollte, bis der Rückmarsch der Hauptarmee abgeschlossen sein würde, erhielt er strikten Befehl, sich nicht auf ein größeres Gefecht einzulassen. Die topographischen Bedingungen dieses Platzes schienen die nötige Atempause von ein bis zwei Tagen durchaus herzugeben. Die Steilhänge des Saaletals waren für eine große Truppenmasse mit Tross und Geschützen nur mühsam zu überwinden. Hohenlohe glaubte daher nicht, dass die Franzosen einen Angriff aus dem Saaletal heraus unternehmen würden. Allenfalls rechnete er aus Richtung Magdala-Blankenhain mit Feindberührung.[105]

Zunächst hatte er die wichtigen Straßen, die auf das Plateau hinaufführten, die Jena-Weimarer Chaussee und den Weg von Zwätzen nach Closewitz, durch die Sachsen auf der so genannten Schnecke über dem Mühltal und eine neu gebildete Vorhut unter Tauentzien am Dornberg gesperrt. Nachdem er des Weiteren noch einen Truppenverband unter General Holtzendorf in den Raum Lehesten-Nerkewitz verlegt hatte, um einen möglichen, wenn auch eher unwahrscheinlichen Vorstoß der Franzo-

Französische Soldaten bringen schweres Geschütz auf den Landgrafenberg bei Jena – Radierung von Roux, 1809

sen aus Richtung Dornburg parieren zu können, glaubte sich Hohenlohe nunmehr ungefährdet und verzichtete darauf, das Saaletal, die steilen Berghänge und die kleineren Hohlwege militärisch abzusichern. Die französischen Truppen wurden jedoch zu einer unglaublichen taktischen und physischen Leistung geführt. Noch am Abend des 13. Oktobers bezog Napoleon Bonaparte unterhalb des Windknollens, der höchsten Erhebung auf dem Landgrafenberg bei Jena, sein Biwak und ließ alle verfügbaren Truppen Stellung beziehen. Die Wachtfeuer der Vorhut Tauentziens am Dornberg konnte der Kaiser bereits erkennen. Das Korps von Lannes wurde über den Apoldaer Steiger und die benachbarten Hohlwege samt den Geschützen auf den Landgrafenberg verlegt. An den steilsten Stellen wurden die Kanonen mit Seilen hinaufgezogen, eine Leistung, die noch heute Hochachtung abnötigt.

Der Schlachtplan Napoleons war zu diesem Zeitpunkt bereits fertig. Da er annahm, die gesamte preußische Armee vor sich zu haben und zunächst noch zahlenmäßig unterlegen zu sein, durfte er sich auf einen Angriff erst einlassen, wenn das Gros seiner Streitkräfte den Aufstieg bewältigt haben würde. Lannes sollte das Gefecht lediglich eröffnen und die Preußen solange hinhalten, bis die Korps der Marschälle Soult, Augereau und Ney eintrafen. Nach dem Motto „Getrennt marschieren, vereint schlagen" wollte Napoleon Bonaparte seine Streitmacht erst auf dem Schlachtfeld zusammenführen, um dann zu einem konzentrierten Schlag gegen die Preußen überzugehen. Die Korps unter den Marschällen Davout und Bernadotte hatte Napoleon in Richtung Dornburg-Kösen-Naumburg zu einer nördlichen Umfassungsbewegung abkommandiert. Dass diese dann bei Auerstedt auf die preußische Hauptarmee stoßen würden, war nicht vorauszusehen.

Während die französischen Kampfvorbereitungen im Dunkel der Nacht auf Hochtouren liefen, begaben sich der preußische General Hohenlohe-Ingelfingen und sein Stab in ihrem Kapellendorfer Quartier zur Nachtruhe. Über die Besetzung des Landgrafenbergs war man zwar informiert, es war auch nicht zu überhören, dass dort schweres Gerät hinauf geschafft wurde, aber man maß dem keine Bedeutung bei. Hohenlohe war davon überzeugt, dass die französischen Hauptkräfte bei Naumburg stehen würden und dass es nicht möglich sei, in so kurzer Zeit auf dem Landgrafenberg in größerem Umfang Truppen und Kampfmittel zu konzentrieren. Als Napoleon am frühen Morgen des 14. Oktober die Schlacht eröffnete, glaubte Hohenlohe an ein unbedeutendes Geplänkel in der Ferne. Erst spät begriff er, dass die große Schlacht schon im Gange war.

Die Truppenstärke der Preußen bei Jena betrug etwa 40.000 Mann, zu denen das noch bei Weimar stehende Korps unter General Rüchel mit 15.000 Mann hinzukam. Napoleon verfügte im Laufe des Vormittags über 56.000 Soldaten, die um die Mittagszeit um weitere 40.000 verstärkt wurden. Die preußischen Verbände waren in einem relativ weiten, von Kapellendorf bis Rödigen und Lehesten reichenden Raum verteilt und wurden von Hohenlohe auch nicht zu einer schlagkräftigen Formation zusammengezogen.

Die Chiffre „Schlacht bei Jena" ist im Grunde eine zusammenfassende Bezeichnung für vier bzw. fünf verschiedene Gefechte, die westlich und nördlich der berühmten Universitäts-

Schlacht bei Jena - Eröffnungsgefecht am Dornberg – Radierung von Levachez nach Berteaux, um 1820

stadt geführt wurden. So kam es am 14. Oktober von sechs bis gegen zwölf Uhr zum Gefecht am Dornberg zwischen der preußisch-sächsischen Avantgarde des Generals Tauentzien (ca. 8.000 Mann) und dem Korps Lannes sowie einem Teil des Soultschen Korps (zusammen ca. 15.700 Mann). Des Weiteren gab es von etwa neun bis gegen elf Uhr das Gefecht bei Rödigen zwischen den Truppen des Generals Holtzendorff (ca. 5.000 Mann) und einer Division des Marschalls Soult (ca. 10.000 Mann). Zum Hauptgefecht kam es von ca. neun bis 14 Uhr bei Vierzehnheiligen zwischen den preußisch-sächsischen Kernverbänden (ca. 18.750 Mann) und den französischen Verbänden unter Lannes, Ney, Soult und Murat (zunächst 8.500 Mann, gegen 10.30 Uhr 21.600 Mann, gegen 13 Uhr ca. 50.000 Mann, zu denen noch 40.000 Mann in zweiter Linie kamen, die aber ebenso wie die auf dem Dornberg stationierte Kaisergarde nicht mehr eingesetzt wurden). Zu nennen ist ferner zwischen 13 und 13.30 Uhr das Gefecht an der Schnecke oberhalb der Straße von Jena

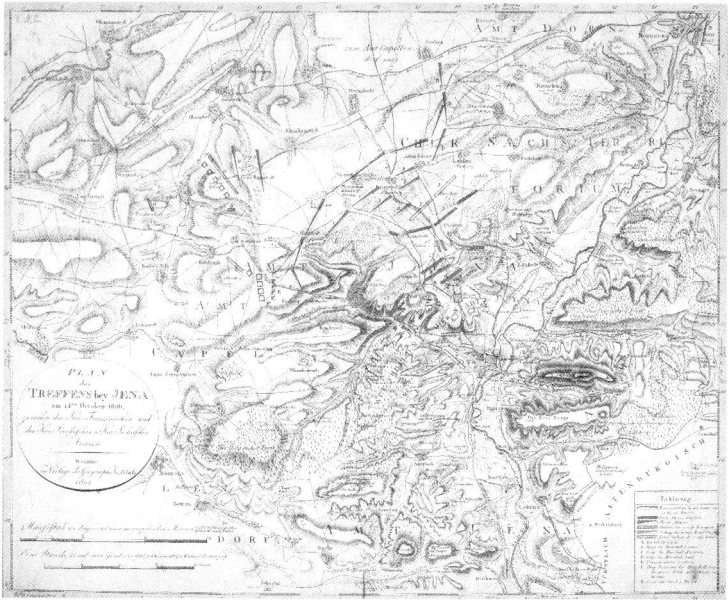

Truppenlageplan der Schlacht bei Jena am 14. Oktober 1806 – Radierung, 1806

nach Weimar. Hier kämpften hauptsächlich sächsische Einheiten mit dem Korps unter dem Marschall Augereau. Und zwischen 14 und 15 Uhr kam es schließlich zum Aufeinandertreffen auf dem Sperlingsberg bei Kapellendorf zwischen dem preußischen Korps unter General Rüchel (davon ca. 9.000 im Kampfeinsatz) und den französischen Verbänden, die den Truppen Hohenlohes aus Richtung Vierzehnheiligen nachsetzten.

Betrachtet man den Gesamtverlauf der Schlacht bei Jena, die mit einer vernichtenden Niederlage der preußischen und sächsischen Verbände endete, so wird eines deutlich, dass es nicht in erster Linie mangelnde Tapferkeit und Kampfkraft der Preußen oder deren Infanterietaktik aus der Zeit Friedrichs des Großen waren, die die Niederlage der preußisch-sächsischen Streitmacht herbeiführten. Entscheidend war vielmehr die völlige Unfähigkeit ihrer militärischen Führung. Sie verspielte alle Chancen, mit einem energischen und konzentrierten Einsatz der Truppen den Sieg der Franzosen wenigstens in erträglichen Grenzen zu halten. Dies gilt in ähnlicher, ja in noch deutlicherer Weise auch für die Schlacht bei Auerstedt. Bei Auerstedt war die preußische Hauptarmee den französischen Truppenkontingenten um das Doppelte überlegen. Die preußische Hauptarmee umfasste fünf Divisionen und eine so genannte leichte Brigade. Zusammen waren dies 49.800 Mann. Auf der Gegenseite zählte das III. Korps des Marschalls Louis Nicolas Davout drei Divisionen und eine Kavalleriebrigade mit insgesamt 27.300 Mann. Die Überlegenheit der Preußen war nicht zuletzt durch die preußische Kavallerie mit 8.800 Reitern und die Artillerie mit 230 Geschützen schier erdrückend. Davouts Kontingent umfasste lediglich 1.300 Reiter und 44 Kanonen, und so kann man seinen Angriff fast als ein selbstmörderisches Unterfangen ansehen, das allerdings in Unkenntnis der tatsächlichen Kräfteverhältnisse begonnen wurde. Die Preußen hatten im dichten Nebel ebenfalls keine genauen Vorstellungen von der Stärke ihres Gegners.

Die schwerfällige Logistik der Preußen jedoch, die schwere Verletzung ihres Oberbefehlshabers, des Herzogs Karl Wilhelm Ferdinand von Braunschweig,[106] und das hierauf einsetzende Befehlschaos sowie die Orientierungslosigkeit von Teilen der Truppe führten dazu, dass der auf beiden Seiten verlustreiche

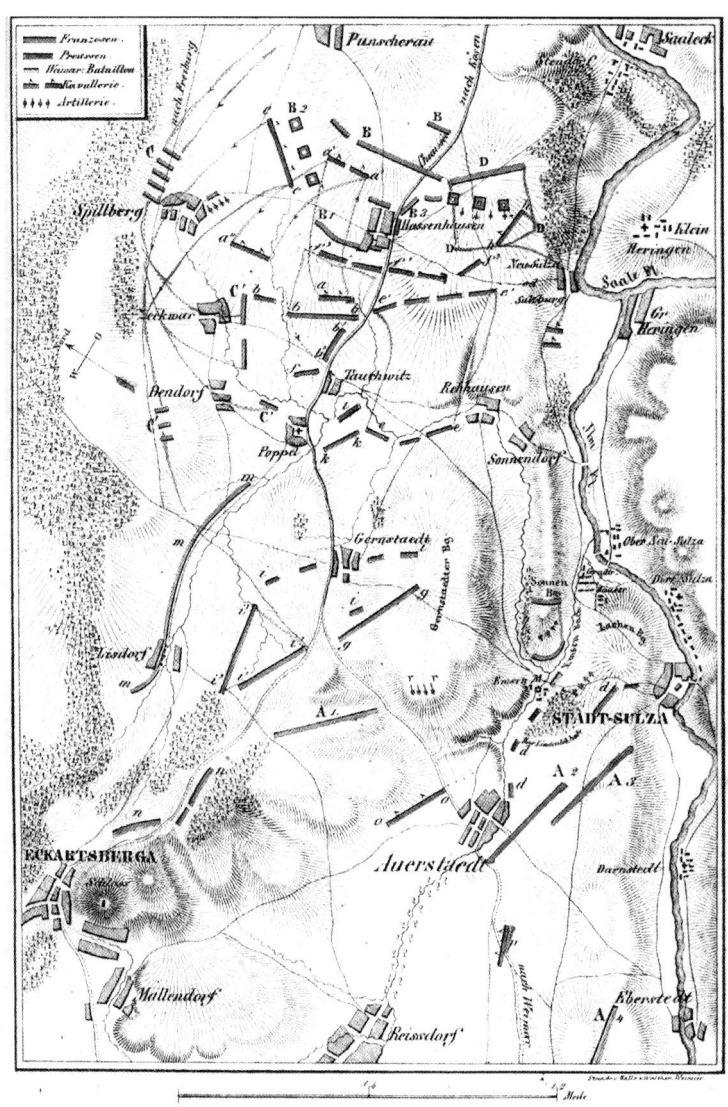

*Truppenlageplan der Schlacht bei Auerstedt am 14. Oktober 1806 –
Lithographie, 1838*

51

Kampf zunächst keinen Sieger sah. Als dann jedoch die unter dem Befehl von General Charles Antoine Louis Alexis Morand stehende Division das Gefechtsfeld erreichte und sich todesmutig in den Kampf stürzte, schlug das Pendel zugunsten von Davout aus. Zwar verließen die Preußen das Schlachtfeld bei Auerstedt anders als bei Jena in geordneten Linien. Ihre Verluste waren mit 10.000 Toten und Verwundeten sowie mit etwa 3.000 Soldaten, die in Gefangenschaft gerieten, aber doch sehr beträchtlich. Hoch war auch der Blutzoll für das Korps von Davout. Es verlor durch Tod oder Verwundung 298 Offiziere und fast 7.000 Soldaten. Wenn Davout aber noch die Kraft für eine Verfolgung besessen und wenn das nur wenige Kilometer entfernt stehende Korps des Marschalls Bernadotte in den Kampf eingegriffen hätte, wäre der Sieg der Franzosen noch eindeutiger gewesen. Als die fliehenden Armeen der Preußen im Bereich Sömmerda-Buttelstedt zusammentrafen, erfassten auch die bis dahin noch intakten Truppenteile Demoralisation und Auflösung. Die traditionsreiche Armee Preußens hörte faktisch auf zu existieren. Der Staat, dessen größte Stütze sie gewesen war, stürzte wie ein Kartenhaus zusammen. Am 27. Oktober 1806 zog Napoleon in Berlin ein.

Napoleons Einzug durch das Brandenburger Tor – Stich von Bovinet nach Swebach

5. Krieg und Alltag

Die Folgen der Schlachten bei Jena und Auerstedt vom 14. Oktober 1806 kommen einem machtpolitischen Erdrutsch nahe. Napoleon Bonaparte, Kaiser der Franzosen, war fortan Herrscher über fast das gesamte kontinentale Europa und befand sich damit auf dem Zenit seiner Macht. Der Blutzoll hierfür aber war hoch. In der Literatur ist von ca. 30.000 bis 35.000 Menschen die Rede, die während der Schlacht bei Jena und Auerstedt ihr Leben verloren oder die an den Folgen der dort empfangenen

Französische Infanteristen bedrängen Bauern vor einer Scheune –
Federzeichnung, um 1810

„Röschen findet ihren Bruder tod auf dem Schlachtfelde bei Jena" –
Radierung, um 1810

Verwundungen starben.[107] Etwa 14.000 bis 15.000 dieser Toten
waren Angehörige der französischen Großen Armee.

Am Schauplatz des Geschehens wurden aber nicht nur Mili-
tärangehörige in Mitleidenschaft gezogen, sondern auch Zivilis-
ten. Zahlreiche Bewohner Thüringens fanden in den Oktobertagen des Jahres 1806 den Tod. Außerdem hatte die Bevölkerung
Not und Verderben, Plünderungen und mannigfaltige weitere
Drangsale zu erleiden. Herbe Verluste an Hab und Gut sowie an
Leib und Leben entstanden zudem durch die vielen Brände, die
von den Kampfhandlungen und vom Artilleriebeschuss verur-
sacht wurden. Dies galt für die Residenzstadt Schleiz, in deren
Umgebung es am 9. Oktober zum ersten Gefecht zwischen den
Preußen und Sachsen auf der einen und den französischen Truppen auf der anderen Seite gekommen war, ebenso wie für alle
weiteren Stationen von Napoleons Krieg in Thüringen.[108] Leid-

tragende der Kämpfe waren immer wieder die Einwohner in Stadt und Land.[109]

Schleiz durchzogen innerhalb einer Woche, vom 9. bis 16. Oktober 1806, 100.000 bis 110.000 Mann. Im nahe gelegenen Oettersdorf kam es zu Verwüstungen und Ausschreitungen, für die die Angehörigen des Korps von Marschall Bernadotte verantwortlich waren. Oettersdorf verlor den Aufzeichnungen des Pfarrers Johann Friedrich Walz zufolge 309 Ochsen, Kühe, Kälber und Schafe sowie 1807 Scheffel Weizen, Korn, Hafer und Gerste. Außerdem erlitten die Bewohner des Ortes Schäden in Höhe von 4.000 Talern durch zerstörte Pflüge, Wagen, Geschirre, Hausgeräte und Mobiliar. Am 10. Oktober sanken 30 Häuser infolge einer furchtbaren Feuersbrunst in Schutt und Asche. Die Summe der materiellen Verluste wird auf 53.961 Taler veranschlagt. Dabei ist jenes Geld, das den Einwohnern vom Militär direkt abgenommen wurde, noch nicht mitgerechnet. Ähnliches wird aus Auma berichtet: „Mit Entsetzen denkt noch jeder hiesige Bewohner an die Nacht vom 10.–11. Oktober, in welcher die vor der Stadt gelagerten Truppenmassen in die Häuser brachen, und alle Winkel mit brennenden Fackeln durchsuchten, alles Vorgefundene raubten, was nicht mitgenommen werden konnte, verdarben, wehrlose Menschen von jedem Alter und Geschlecht grausam mißhandelten, selbst neue Gräber aufwühlten, und bis in den Morgen schauderhafte Greuel verübten."[111]

Am Abend des 10. Oktober 1806 wurde Napoleon Bonaparte gemeinsam mit den ihn begleitenden Marschällen und Generälen von Fürst Heinrich XLII. von Reuß-Schleiz auf dessen Schloss empfangen. Es kam zu einem Gespräch, das der Fürst in seinen später veröffentlichten Aufzeichnungen festhielt.[112] Der Legende zufolge soll Heinrich XLII. während seiner Unterredung mit dem Kaiser der Franzosen zu einem der Schlossfenster geschritten sein, von dem aus er Napoleon auf die 30 Häuser hingewiesen habe, die im nahe gelegenen Oettersdorf in Flammen standen. Mit unbewegter Miene soll Napoleon hinausgeblickt und teilnahmslos gesagt haben: „C'est la guerre!" So ist der Krieg!

Besonders drastisch zeigten sich die Auswirkungen des

Durchzug der Gefangenen vom Hohenloheschen Korps durch Leipzig
nach der Schlacht von Jena 1806 – Kupferstich von H. Geißler

Krieges auf die Zivilbevölkerung in jener Stadt, deren Name
fortan mit dem Geschehen im Oktober 1806 symbolhaft verknüpft wurde und die die Kunde vom großen Sieg Napoleons
weit in die Welt hinaustrug, in Jena. In der kleinen Universitätsstadt, die 1806 etwa 5.000 Einwohner zählte, trafen bereits am
11. Oktober 1806 Scharen geschlagener, erschöpfter und ver-
wundeter preußischer Soldaten ein. Aus Richtung Saalfeld kommend, berichteten sie von ihrer dortigen Niederlage und vom
Tod des Prinzen Louis Ferdinand von Preußen.[113] Sie gaben den
Menschen einen ersten erschütternden Eindruck vom wahren
Gesicht des Krieges und vermittelten einen Vorgeschmack von
jenen Erfahrungen, die die Einwohner Jenas in den kommenden
Tagen noch machen sollten. Zugleich führte der Anblick der ver-
wirrten und völlig ungeordnet durchziehenden Truppen dazu,
dass die bisherige Zuversicht in der Bevölkerung und in den

Kreisen des preußischen Militärs jäh in Furcht und Kleinmut umschlug. Bereits das bloße Gerücht, dass Franzosen in der Stadt seien, führte am 11. Oktober zu panischen Reaktionen und zu einem stundenlangen Chaos in Jena.[114] Als sich die Nachrichten von den heranrückenden Franzosen dann bestätigten, wurde die Stadt am Abend des 12. Oktober von den preußisch-sächsischen Einheiten geräumt.

Mit dem Einzug der ersten französischen Soldaten am Morgen des 13. Oktober 1806 begannen dann jene Tage für die Einwohner Jenas, die für mindestens zehn zivile Personen den Tod brachten,[115] für die meisten anderen aber Angst, Not und Schrecken. Auch dies ist eine wichtige Facette der Chiffre „Jena

Franzosen bergen Tote und Verwundtete auf dem Schlachtfeld des Landgrafenberges – Radierung nach Gullio, um 1810

1806" und Teil der Thematik „Napoleon in Thüringen". Exemplarisch für die Auswirkungen des Krieges auf das Leben und den Alltag einfacher Menschen sei hierzu aus den Aufzeichnungen des Theologen Johann Traugott Leberecht Danz zitiert, der 1809 die erste Gesamtdarstellung über das Geschehen in der Saalestadt im Oktober 1806 publizierte:

„Die ersten der hereindringenden Feinde wurden auf die verschiedenste Weise empfangen. Die meisten kamen ihnen mit Freundlichkeit entgegen, boten ihnen zu essen und zu trinken an, auch wohl Geld; aber nur sehr wenige haben etwas damit vermocht. Mit Ungestüm forderten sie mehr, als sie erhalten hatten, setzten das Bajonett auf die Brust, drohten zu schießen, muteten den Menschen die erniedrigendsten Handlungen zu, und durchstürmten im Hui das Haus. Was ihnen nicht schnell geöffnet wurde, wurde sogleich zerschlagen. Es war ein Glück, daß diese ersten Plünderer sich überall nicht lange verweilten, dabei schonten sie aber keinen Menschen, ihre eigenen Landsleute nicht: Herr Professor Henry wurde so gut geplündert als jeder andere.

Wie weit das Vertrauen zu dem honetten Betragen der Franzosen gegangen, erhellt daraus, daß Menschen deren Haustüren bei dem Eintritt der Franzosen in die Stadt noch verschlossen waren, eilten, diese zu eröffnen, um nicht die letzten zu sein, ihre neuen Gäste zu empfangen. Sie haben ihr Zutrauen bitterlich bereuen, um die Klugheit der, früher unklug gescholten, Nachbarn anerkennen müssen, die gerade das Gegenteil von dem taten, was sie getan hatten.

Das Sonderbarste war noch, daß diese Menschen bei ihrem Weggehen gemeiniglich selbst noch für ihres Gleichen warnten, und nur die Haustür zuzumachen empfahlen.

In kurzer Zeit war nun das Ansehen der ganzen Stadt gänzlich verändert. Als wüte die Pest, waren alle Türen verschlossen, alle Straßen wie ausgestorben. Die Fenster waren leer, und es schien, als stünden keine Augen mehr offen, das Herumschwärmen der Feinde in den Straßen mit anzusehen."[116]

[...]

„Viele von diesen Truppen hatten weite Märsche gemacht, und in zweimal vierundzwanzig Stunden vielleicht nichts oder nur sehr wenig gegessen und getrunken, oder, wie sie selbst sagten, weder Brot noch Feuer gesehen. Mit verdoppelter Strenge forderte nun die Natur ihre Befriedigung.

Viele hatten auf einen Ruhetag gerechnet, und erhielten bald die Nachricht, daß der folgende Tag zur größten aller Arbeiten des Kriegs, zu einer Hauptschlacht bestimmt sei. Viele fanden in dem Gedanken, daß die wenigen Stunden bis zum anderen Morgen vielleicht die letzten ihres Lebens wären, eine Aufforderung, wie die Schiller'schen Reiter [gemeint sind die Reiter von Friedländers wilder Jagd in Schillers Drama „Wilhelm Tell" 6. Auftritt – W.G.], noch heute die Neige der köstlichen Zeit zu trinken.

Die Ausschweifungen, die erst am Morgen dieses Tages begangen worden waren, waren noch in zu frischem Andenken, als daß man sich nicht nach Möglichkeit gegen ähnliche hätte zu schützen suchen sollen. Jeder Hausvater hielt seine Türen verschlossen, um gegen das Eindringen der großen Massen, die mit wildem Lärm in der Stadt herumschweiften, sicher zu sein.

Aber diese Vorsicht hatte nur selten den Erfolg, den sie haben sollte. Die hungrigen und durstigen Krieger, die des andern Tages ein blutiger Kampf erwartete, drangen mit Gewalt in die Häuser, und nahmen, was ihnen nicht freundlich hatte gereicht werden können, mit kriegerischem Ungestüm hinweg. Wo die Türen den Eingang versagten, wurde Bahn durch die Fenster gemacht.

Mit brennenden Lichtern in den Händen rauschten die von aller Ordnung entbundenen Söhne des Mars durch die Straßen. Angst und Entsetzen taumelten vor ihnen her. Das schreckliche gebietende: Ouvrez la porte! begleitet von zerschmetternden Kolbenschlägen, zerriß jede Fassung des Gemüts ärger und heftiger, als je die dumpfen Töne einer Sturmglocke getan haben.

Denn nun standen sie da, die armen Bewohner ihres friedegewohnten Hauses, preisgegeben jedem Anfalle des Zorns, der Wut und der Rache, bloßgestellt jedem Angriffe, den ein verzweifelnder Hunger sich erlaubt, ohne Hilfe, ohne Beistand, ohne Aussicht einer Rettung. Und wie dann erst, wenn man geben sollte, und nichts mehr hatte!

Es ist ein schwaches, unbedeutendes Wort, was unsere Sprache für diese Art von Kriegsungemach hat, das Wort Plünderung. Wer vermag an Plunder zu denken, wenn von Plünderung die Rede ist? Es ist kein Hinnehmen bloß entbehrlicher Dinge, kein Entfernen nichtswürdiger Kleinigkeiten! Es ist mehr. Wer es erfahren hat, weiß, was es ist."[117]

[...]

„Es war gegen zwei Uhr des Morgens, oder vielleicht später, – denn wer konnte in solcher Verwirrung die Stunden zählen? – als das gräßliche Geschrei: Feuer! Feuer! den in ihren Häusern bis zum Tode geängstigten Menschen auf einmal Freiheit und Ruhe zu geben versprach. Nun sind wir frei! sagten sie sich unter einander. Man wird die Stadt an vier Enden anzünden und uns davon jagen. Man öffnete den Kerker und ging heraus.

Ein großer Teil der Einwohner, denen die Gefahr des Feuers zunächst gedroht, nebst vielen andern, die vor der Hand noch nichts von ihm zu befürchten hatten, waren in die Gärten außerhalb der Stadt, und besonders in den Griesbach'schen Garten geflüchtet. Dieser ward bald der Versammlungsplatz von Elenden aller Art, oft in lächerlicher Gestalt. Da sah man Flüchtlinge, die

Griesbachgarten am 14. Oktober 1806 gegen 6 Uhr – Radierung von Roux, 1809

so eilig gewesen waren, aus dem Hause zu kommen, daß sie sich gar nicht die Mühe genommen hatten, sich nur einigermaßen anzukleiden, und die doch des Feuers wegen wohl Zeit genug gehabt hatten, ihre besten Sachen mitzunehmen, und sich wohl gar in den größten Staat zu setzten. So wandelte dort einer mit seiner Familie herum, auf dem Kopfe einen großen dreieckigen Hut, am Leibe einen zerrissenen Schlafrock, und an den Füßen einen Stiefel und einen niedergetretenen Schuh. Hinter ihm drein geht die Magd, über ihren schmutzigen Unterkleidern den Sonntagsrock des Herrn, auf dem Rücken einen Korb mit – nichts. So verkroch sich hier eine Frau in der kalten Nacht fast nackend, zwar große Schachteln unter dem Arme, in denen ein Paar - zierliche Kopfzeuge lagen. So keuchten andere ganz steif und langsam durch die Gänge des Gartens. Wo alles flüchtig geworden schien, schienen sie angewachsen zu sein. Was war es, wenn man sie untersuchte? Sie hatten den ganzen Kleiderschrank angezogen, und waren von der Menge von Kleidern so zusammengepreßt worden, daß sie sich kaum rühren konnten."[118]

Johannisstraße in Jena am 14. Oktober 1806 – Lithographie von Hess, um 1810

„So schrecklich und weithinerbrausend auch das Getümmel der Schlacht war, so wenig wurde die Stadt selbst von diesem fürchterlichen Lärm gewahr, der Donner der Kanonen, und das prasselnde Feuer des kleinen Gewehrs, das wir hier nur schwach hörten, erschütterte in Entfernungen von drei und mehr Stunden in Orten, die hochgelegen waren, die Fenster und machte die Wälder knistern.

Die Stadt selbst hatte zum Teil auch so viel mit sich selbst zu tun, als daß sie an dem, was außer ihr vorging, ihren vollen Anteil hätte nehmen können. Die Glocken stürmten immer noch stark, und erinnerten die Einwohner mit ihren schauerlichen dumpfen Tönen an die noch fortwährende Gefahr des Feuers. Eine neue Bedrängung kam hinzu. Die Blessierten mußten untergebracht werden, und ihre Anzahl vermehrte sich mit jedem Augenblick. Man hatte schon einige Privathäuser, deren Besitzer den Drangsalen des Tages zu entfliehen versucht hatten, in Beschlag genommen, und die Verwundeten hineingelegt.

Jetzt, bald nach sieben Uhr, gab der Marschall Lefebvre Befehl, daß die Stadtkirche, und bald darauf auch die Universitätskirche ausgeräumt, und zu einer Lagerstätte für die Verwundeten zubereitet werden sollten. Im Augenblick wurde er auch vollzogen. Es war ein herzdurchschneidender Anblick, das innere Gebäude der Kirche zertrümmert zu sehen, zu sehen, wie die rohe Gewalt in dem majestätischen Gewölbe grausam hauste, und das zu ewigen Frieden errichtete Heiligtum entweihte. Man fühlte sich in dem Tiefsten seines Herzens erschüttert, wenn man die Schläge der verwüstenden Axt in den stillen Umgebungen der Andacht von den Mauern wiedertönen hörte, die nur die Stimme der Sanftmut und der Liebe und der Erbauung wiederzugeben gewohnt waren. Und nenne man es Aberglauben, oder wie man es wolle, der Ort, wo die zerbrochenen Herzen geheilt werden sollten, wo auf verwundete Seelen der Balsam der Religion fließen sollte, schien nicht der rechte Ort, zerbrochene Knochen zu heilen, und verwundete Gliedmaßen wieder herzustellen.

Nur der Gedanke, das es doch auch notleidende Menschheit sei, zu deren Pflege dieser Ort zubereitet werden sollte, konnte dem Gemüt einige Aufrichtung gewähren. Wäre nur das Verfahren bei dieser Zubereitung zum Teil weniger unanständig gewesen! Frivolität und Leichtsinn, die nie aus dem Gefolge des Krieges weichen, zeigten sich hier in ihrer unleidlichsten Gestalt. Da die Sache Eile hatte, so raffte man von der Straße auf, wessen man habhaft werden konnte, und stellte ihn bei dieser zerschlagenden Arbeit mit an. Man musste durch Drohungen zu einer Arbeit ermuntern, zu welcher niemand die Lust von Haus aus mitgebracht hatte. Wer mit guter Manier davon zu kommen glaubte, versuchte es; und es gelang den meisten.

Nach ein paar Stunden etwa war die Arbeit vollendet, und aus einer bequemen Kirche ein notdürftiges Lazarett gemacht worden. Die Sitze waren herausgerissen, und lagen zertrümmert vor den Türen. Der hohle Raum mit seinem wilden Ansehen schien einen Tempel, der Göttin der Verwüstung geweiht, anzukündigen. Aber er füllte sich bald wieder, seiner Bestimmung gemäß. Die Schlachtopfer des Krieges wurden nach und nach hier niedergelegt, Freunde und Feinde. Entsetzlicher Anblick! Sie heranbringen, sie liegen, sie sterben zu sehen, diese Unglücklichen. An allen Teilen des Körpers sah man sie verwundet, aus allen Adern ergossen sich die Ströme des Blutes. Und was das Gesicht sagte, das auf die inneren Wunden hindeutete, das ergriff das Herz oft noch gewaltsamer, als die weit sich aufsperrenden Muskeln, und der zwischen ihnen hervoreilende Blutstrom."[119]

[…]

„Von Augenblick zu Augenblick stieg nun in der Stadt die Flut der französischen Krieger immer höher und höher. Es ergab sich bald, was die Stadt zu erwarten hatte, die entsetzlichen Stunden, die sie durchleben mußte, kündigten sich deutlich genug an. So viel auch in diesem Zeitraum vorgefallen ist, so war es doch nichts weiter, als eine Wiederholung des Schauspiels vom vorigen Tage und der vorigen Nacht, nur wo möglich – um mich eines Modeworts zu bedienen – in einer höheren Potenz. Man dünkte sich, was Großes gewonnen zu haben, wenn man ruhig zusehen konnte, wie das Seinige zur Kriegsbeute gemacht wurde, man glaubte glücklich gewesen zu sein, wenn man ohne körperliche Mißhandlungen davon gekommen war.

Einen vielleicht hohen Grad von Lebendigkeit erreichte unsere Stadt, als mit Anbruch der Nacht die kaiserliche französische Garde vom Schlachtfelde durch die Johannis- und Leutrastraße hereinströmend, sich überall hin in dieselben verbreitete, und da sie nicht einquartiert werden konnte, sich selbst einquartierten. In diesem Augenblicke war es, wo die Stadtkirche die in dem beigefügten Gemälde ausgeführte Ansicht gewährte. Nur mit geringen Abwechslungen war dies der Anblick fast der ganzen Stadt.

Noch loderte in der Johannisstraße die häuserverzehrende Flamme und erhellte die, in jeder Hinsicht dunkle, schwarze Nacht auf eine grauenvolle Weise. Sie schien die Mutter zu sein der vielen hundert kleinen Flammen, die auf den freieren Plätzen und in den Straßen brannten. Der sich sonst in der Finsternis

Stadtkirche in Jena am 14. Oktober 1806 abends – Radierung von Roux, 1809

64

verlierende Turm der Stadtkirche ward durch den Schein des Feuers deutlich genug angezeichnet, so daß man auch die, leider!, nur zu langsam eilenden, Stunden daran zählen konnte."[120] [...]

„Das merkwürdigste, womit dieser Tag beschlossen wurde, war, daß der Marschall Lefebvre nachts zwischen zehn und elf Uhr Namens des Kaisers die hiesigen Obrigkeiten, und namentlich den Stadtrat, bestätigte, und sie in Ansehung der zu erhaltenden Befehle an den Kommandanten der Stadt, den Obristen Bouchard verwies. Und gleich des andern Tages fing auch die sogenannte Munizipalität an.

Man hatte dies nicht sobald den andern Morgen erfahren, als man auch schon hieraus neue Hoffnungen zum Besten der Stadt und neues Leben in seiner Ohnmacht schöpfte. Man glaubte doch nun in seinen Bedrängnissen irgend eine sichere Zuflucht zu haben, und fühlte sich gestärkt in dem Glauben, daß die Stadt doch nicht dem gänzlichen Untergange bestimmt sein könne.

Il est deffendu au nom de Sa Majesté l'Empereur et Roi à tout militaire français de Commettre aucun desordre ou pillage en Cette ville. Sa Majesté à resolu de faire punir de mort Ceux qui s'en rendront Coupables, et aucun n'echappera à Sa Justice.
Jena, le 16 Octobre 1806.

Le chef d'Escadron
BOUCHARD
Commandant de la place.

Tagesbefehl des französischen Stadtkommandanten Bouchard für Jena am 16. Oktober 1806, mit der Handschrift Bouchards unterzeichnet

Auf den Straßen, wo man bisher nichts weniger als sicher vor Überfällen und allerhand Mißhandlungen gewesen war, fing es jetzt an, sicherer zu werden. Die Plünderer hatten das, was ihnen angestanden hatte, größtenteils zusammengepackt, und sahen mit Verachtung auf das, was nicht nach ihrem Geschmack gewesen war, herab.

Für viele Häuser kam daher der Befehl, welcher die Plünderung bei Leibstrafe untersagte – es geschah dies den 16. Oktobers des mittags – insofern zu spät, als er nichts mehr gegen die Plünderung schützte. Und doch, wie willkommen war er nicht! Wie freute man sich des Zettels, auf dem er bekannt gemacht war! Gab er doch Sicherheit, wenn man auch arm war! Gab er doch Ruhe, wenn man auch hungern mußte!"[121]

6. Die Schlacht bei Jena und Auerstedt als thüringisches Medienereignis

Die Augsburger „Allgemeine Zeitung", die die Schlacht bei Jena und Auerstedt bereits wenige Tage nach dem blutigen Geschehen „der von Austerlitz an die Seite" stellte[122] und aus deren Berichten bereits in Kapitel 4 zitiert wurde, fand im Oktober 1806 in Thüringen kaum Leser. Der größte Teil der ländlichen und kleinstädtischen Bevölkerung Thüringens wurde hauptsächlich von den regionalen und lokalen Periodika erreicht. Lediglich einige Gebildete und die Gesellschaften bei Hofe abonnierten überregionale Blätter sowie Zeitungen des Auslandes. Im stürmischen Herbst des Jahres 1806 war die Nachrichtensituation aber noch weit komplizierter als sonst. Über Wochen hinweg blieben die Wege für Post und für Informationen versperrt. Oft fanden nur die „vor Ort" redigierten Periodika ihre Adressaten. Doch war die Schlacht bei Jena für die thüringischen Periodika überhaupt so etwas wie ein „Medienereignis"? Und wie gestaltete sich die Berichterstattung vom schicksalhaften Geschehen mit dem triumphalen Sieg der Franzosen?[123]

„Unter allen literarischen Nachrichten, welche dieses Intelligenzblatt liefert, erwartet der theilnehmende Leser jetzt gewiß keine mit gespannterem Interesse, als die, welche sich unmittelbar auf unsere Universität und auf die in den verflossenen Tagen von uns erlebten Schicksale beziehen. Die Heere Napoleons kamen in diesen Tagen von Saalfeld durch den Saalgrund und von Gera aus zu uns herab. Am 12ten d.M. erschienen sie in der Gegend des eine gute halbe Stunde von Jena liegenden Dorfes Winzerla. Den Tag darauf waren sie bereits in unserer Mitte. Am 14. fiel die wichtige Schlacht vor, die aus mehr als einem Grunde die <u>Schlacht bey Jena</u> genannt zu werden verdient."[124]

Mit diesen Worten beginnt die erste Stellungnahme zur Schlacht bei Jena im „Intelligenzblatt zur Jenaischen Allgemeinen Literatur-Zeitung", in einem Blatt also, dessen Profil politische oder Kriegsnachrichten normalerweise nicht vorsah. Nach kurzer Unterbrechung fand die Zeitung mit ihrer Ausgabe vom 27. Oktober wieder den gewohnten Erscheinungsrhythmus und gehörte knapp vierzehn Tage nach der preußischen Niederlage zu den ersten Blättern in Thüringen, die vom Geschehen bei Jena berichteten.

Hinsichtlich der Aktualität nimmt unter den betrachteten Periodika aus Thüringen allerdings die „Neue privilegirte Geraische Zeitung" die Spitzenposition ein. Das Blatt erschien zu jener Zeit mit vier Stücken pro Woche und brachte bereits am 17. Oktober 1806 eine knappe „Relation" vom Geschehen bei Jena. „Die Schlacht, welche am 14ten Octbr. zwischen der Kaiserl. Französischen Armee unter dem Oberbefehl Sr. Majestät des Kaisers Napoleon und der Königl. Preußischen Armee unter dem Oberbefehl Sr. Majestät des Königs bei Jena geliefert worden ist, war für die französischen Waffen so glücklich, als man

Schlacht bei Jena - Gefecht bei Krippendorf – Aquatintaradierung von Rugendas, 1807

68

nur wünschen konnte", hieß es in der Meldung. „Die preußische Armee wurde aufgerieben; sie erlitt einen unermeßlichen Verlust; sie wurde sechs Stunden weit verfolgt, verlohr 20,000 Gefangene und 100 Kanonen. Auf dem Schlachtfelde ließ sie mehrere tausend Todte. Der König und die Königin retteten sich eine Stunde vor dem Ausgange der Schlacht; der größte Theil der Preußischen Generäle wurde verwundet; alle ihre Colonnen versprengt."[125] Diese Informationen entstammten einem Bulletin des französischen Militärkommandanten der Stadt Gera, des Obersten Desnoyers. Das Bulletin wurde auch als „Extrablatt zur Geraischen Zeitung", Nr. 2, verbreitet. Die nächste reguläre Ausgabe der Zeitung am 20. Oktober begann dann mit den Worten „Mörderisch war die Schlacht bei Jena".[126] Hier wurden weitere Details des Kriegsverlaufs sowie Informationen über das Gefecht bei Auerstedt mitgeteilt.

Auch die „Privilegirte Gothaische Zeitung" war bereits von beachtlicher Aktualität. Dieses Blatt mir drei Ausgaben pro Woche berichtete schon in seiner Ausgabe vom 14. Oktober von kriegerischen Vorfällen bei Saalburg sowie von der Tatsache, dass sich in der Nähe von Coburg und bei Rudolstadt Franzosen befinden würden.[127] In der nächsten Ausgabe wurde eine Meldung aus Gera vom 10. Oktober eingerückt, die über Truppenbewegungen der Franzosen in Lobenstein, Ebersdorf und Schleiz informierte. Der Leser erfuhr, „daß die Franzosen Schleiz besetzt hätten, und daß es daselbst zu einer nicht unbedeutenden Affaire gekommen sey".[128] Und am 16. Oktober teilte das Blatt in einer Nachricht aus Erfurt mit, dass man dort am 14. Oktober „von der Saalgegend her eine sehr anhaltende Kanonade gehört"[129] habe. Ähnliches war tags darauf als redaktionelle Meldung zu lesen. Noch immer war man aber in Gotha „über die in den letzten Tagen vorgefallenen höchst wichtigen Kriegsbegebenheiten [...] nicht so bestimmt unterrichtet, um hier Details darüber anführen zu können".[130]

Turnusgemäß erschien die nächste Nummer der „Privilegirten Gothaischen Zeitung" erst am Dienstag, dem 21. Oktober. Darin berichtete das Blatt, dass „die Stadt Jena durch die Kriegsvorfälle bedeutend gelitten"[131] habe. Am 22. Oktober sodann gelangten konkrete Informationen über das militärische Geschehen zwischen dem 9. und 16. Oktober an die Leser. Der Ton war sachlich-zurückhaltend, sichtlich um Objektivität bemüht. Die Alliierten hätten den Franzosen den heftigsten Widerstand geleistet, seien „nach einer beynahe zwölfstündigen Schlacht aber zu weichen und sich mehrere Stunden zurück zu ziehen genöthigt"[132] gewesen.

Die anderen Periodika aus dem Umfeld des Schlachtfeldes, etwa die Intelligenzblätter in Weimar, Jena und Eisenach, erreichten nicht die Aktualität der „Neuen privilegirten Geraischen Zeitung" und der „Privilegirten Gothaischen Zeitung". Für alle Blätter der Region ist dabei zu veranschlagen, dass die Nachrichtenbeschaffung im Oktober 1806 ohnehin sehr erschwert war. Dies erhellt die redaktionelle Notiz anlässlich der Veröffentlichung eines amtlichen Steckbriefs im „Allgemeinen Anzeiger" vom 23. Oktober. „Wegen des seit drey bis vier Wochen unterbrochenen Postenlaufs ist obiger, am 22. Sept. abgeschickte Steckbrief erst heute, den 20. Octob. hier angelangt"[133], betonte der Redakteur. Auch die „Neue privilegirte Geraische Zeitung" klagte über die „wenigen Nachrichten [...] die der Redaction dieses Blattes mitgetheilt worden sind".[134] „Seit 10 Tagen sind hier keine fremde Zeitungen und Briefe angekommen. Dieß die Ursache, warum wir von andern Neuigkeiten wenig oder nichts mittheilen konnten. Sobald dieses Hinderniß gehoben ist, so werden wir nicht säumen, dem Leser das Fehlende so bald als möglich, wenn auch nur in der Kürze, nachzuliefern."[135]

Die „Gemeinnützigen Blätter für Freunde des Vaterlandes" in Neustadt an der Orla machten in der Ausgabe vom 17. Oktober, in welcher sie vom militärischen Geschehen bis zur Schlacht bei Saalfeld und vom Vorrücken der Franzosen „bis in die Gegend von Jena" am 12. Oktober berichteten, ebenfalls auf die eigentümliche Nachrichtensituation aufmerksam. „Sonderbar aber ist es, daß wir von dem, was vorgefallen ist, keine bestimmten Nachrichten haben; denn ob wir uns gleich mitten in den Armeen, und ganz nahe am Schauplatz befanden, so sind uns doch weniger specielle und authentische Nachrichten zugekommen, als wenn wir uns in einer Entfernung von 20 Meilen

Die sächsischen Brigaden im Abwehrkampf südlich von Isserstedt –
Federzeichnung, um 1806

befunden hätten. Die Schnelligkeit, mit der die Kriegsoperationen auf einander folgten, und der Umstand, daß der Postenlauf gänzlich gehemmt ist, mag die Ursache davon seyn."[136]
In der folgenden Ausgabe war der erste Artikel mit „Sachsens Neutralität" überschrieben und begann mit den folgenden Worten: „Nach den ungeheuern Drangsalen, die der Krieg in so kurzer Zeit über das Vaterland gebracht hat, giebt es gewieß keine angenehmere und erfreulichere Nachricht, als die, daß bereits zwischen dem Churfürsten von Sachsen und dem Kaiser von Frankreich ein Neutralitäts-Vertrag zu Stande gekommen ist."[137] Zitiert wurde im Folgenden aus einer Ordre des französischen Kommandanten Le Claire vom 17. Oktober 1806, welche die Mitteilung enthielt, dass „die Neutralität Sachsens so eben von Sr. Majestät dem Kaiser Napoleon anerkannt worden ist".[138]
Diese Meldung war für die weitere Existenz des kursächsischen Neustädter Kreises zweifellos von einiger Bedeutung. Doch auch von der Schlacht selbst wurde am 27. Oktober berichtet, wobei man offensichtlich gewisse Kenntnisse beim Leser bereits voraussetzte: „Da die französischen Truppen in Eilmärschen von 3 Tagen von Bamberg bis Kahla marschirt waren, so rasteten sie hier den 13. um sich zu den Thaten des folgenden

für die Geschichte dieses Krieges so merkwürdigen Tages des 14. Oct. vorzubereiten, an welchem der ganze linke Flügel, bestehend aus den 3 Corps Murat, Augereau und Lannes schon am frühsten Morgen aufbrach um theils über Magdala theils von Jena aus durch das Mühlthal die Schnecke hinauf die Ebene zwischen Isserstädt und Kötschau zu gewinnen, auf welcher die Alliirten den siegreichen Franzosen den heftigsten Widerstand leisteten, nach einer beynahe zwölfstündigen Schlacht aber zu weichen und sich mehrere Stunden zurückzuziehen genöthiget waren."[139] Diesem ersten Bericht, der jenem in der „Privilegirten Gothaischen Zeitung" passagenweise wörtlich glich, folgten mit einigem zeitlichen Abstand weitere Informationen eher anekdotischen Charakters.[140]

Die „National-Zeitung der Teutschen" aus Gotha, die im Wochenrhythmus an den Leser gelangte, berichtete am 23. Oktober von „Kriegsgetümmel" und vom „Kanonendonner aus den benachbarten Gegenden, die der Krieg traf". „Aber das schrecklichste der Schrecken ist bis jetzt noch von uns entfernt geblieben. Gotha und seine Umgebung ist noch nicht der Schauplatz des Krieges geworden, und wir haben die Zusicherung des Schutzes gegen feindliche Behandlung erhalten."[141] Eine genaue, wenn auch relativ knappe Beschreibung der Schlacht bei Jena folgte dann in der nächsten Ausgabe am 30. Oktober 1806.[142]

Bei mehreren Blättern zwang die Nähe des Kriegsgeschehens sogar dazu, das Erscheinen zeitweise einzustellen. Bei den „Gemeinnützigen Blättern für Freunde des Vaterlandes" handelte es sich diesbezüglich um eine Verzögerung von lediglich drei Tagen. Sie erschienen nicht turnusgemäß am 24., sondern am 27. Oktober 1806. Markante Unterbrechungen des Erscheinungsrhythmus' sind für das „Weimarische Wochenblatt",[143] die „Jenaischen Wöchentlichen Anzeigen",[144] die „Gemeinnützigen Blätter für Schwarzburg"[145] und das „Rudolstädtische Wochenblatt"[146] zu konstatieren. Betroffen waren aber auch Periodika anderer Profilierung wie etwa die „Jenaische Allgemeine Literatur-Zeitung". „Unser Institut der A.L.Z.", schrieb der Herausgeber Heinrich Karl Abraham Eichstädt am 18. Oktober 1806 an Johann Wolfgang Goethe, „macht mir Bekümmerniss.

Weniger in unserer Expedition, welche zweymal erbrochen worden, als in den Officinen der Drucker und Buchbinder ist eine große Verwirrung entstanden".[147] Mit diesen Worten ist die verheerende Situation in Jena sogar noch relativ zurückhaltend beschrieben. Der Lebensrhythmus der Menschen war erheblich gestört und an gleichmäßige Arbeit war nicht zu denken. Allerdings hatte das täglich erscheinende Rezensionsorgan einen redaktionellen Vorlauf von rund 14 Tagen, sodass die Lücke erst in den Ausgaben vom 30. und 31. Oktober auftrat.[148] Im dazugehörigen Intelligenzblatt wurde die Situation der kriegerischen Oktobertage dann am 9. November nochmals beschrieben und zugleich „Entwarnung" gegeben.[149]

Und schließlich verzichteten einige Periodika in Thüringen, beispielsweise die Intelligenzblätter in Greiz und Rudolstadt, ganz darauf, von der Schlacht bei Jena bzw. vom Kriegsgeschehen im Allgemeinen zu berichten. Dies galt etwa für die „Gemeinnützigen Blätter für Schwarzburg". Deren Herausgeber Friedrich Karl Ludloff antwortete einen Monat nach dem Waffengang bei Jena auf verschiedene Anfragen, „ob nicht die Geschichte des Tages in diesen Blättern mitgetheilt werden würde", unmissverständlich. Im gedanklichen Rückgriff auf den Diskurs über den Zweck von Intelligenzblättern in der Mitte des 18. Jahrhunderts formulierte er pointiert: „Nochmals sei es daher gesagt, man erwarte in diesen Blättern keine politischen Räsonnements, keine Erzählungen von Schlachten unserer Tage, nicht das Wie und Warum etwas geschah – (causas cognoscere rerum); über alle diese Punkte schweigt mein Blatt, das nur der Moral, dem Unterrichte und Lehrreichen, nur dem Nützlichen geweiht ist."[150]

Die politische Tendenz der Berichterstattung über die Schlacht war kaum nationalistisch und konnte es wohl auch nicht sein. Die meisten Orte, in denen Publizisten ein Blatt redigierten und Nachrichten über die Schlacht bei Jena einrückten, waren inzwischen französisch besetzt. Wenn berichtet wurde, bemühte man sich in aller Regel um objektive Distanziertheit. In der ersten wirklich ausführlichen Meldung der „Privilegirten Gothaischen Zeitung" sprach man zwar vom „Heldentod" Louis Ferdinands bei Saalfeld, rapportierte ansonsten aber sachlich-

Tod des Prinzen Louis Ferdinand von Preußen – Kupferstich von Rugendas

nüchtern die diversen Truppenbewegungen der Tage seit dem 9. Oktober und das Ergebnis der Schlacht bei Jena. Selbst der Anwesenheit Napoleons im besetzten Weimar wurden positive Aspekte abgewonnen, indem man schrieb: „Am 16. Oc. begab sich der Kaiser Napoleon gegen Abend mit seiner Garde von Jena nach Weimar und am 17. Abends von da nach Naumburg. Das schöne Weimarische Schloß soll wegen Kaisers Napoleons Aufenthalt in selbigem verschont geblieben seyn."[151]

Ähnliches trifft für die „Neue privilegirte Geraische Zeitung" zu. Ihr galt der Ausgang der Schlacht „für die französischen Waffen so glücklich, als man nur wünschen konnte". Die Informationen für den ersten Bericht, die der Redakteur vom französischen Stadtkommandanten erhalten hatte, arbeitete er nicht einmal um. „Unser Verlust war nicht sehr beträchtlich"[152], steht ohne Distanzierung von der französischen Perspektive in dem Geraer Periodikum.

Die „Gemeinnützigen Blätter für Freunde des Vaterlandes" sprachen wenige Tage nach dem Geschehen bereits von einer „Hauptschlacht", von der die „französischen Sieger"[153] rasch weitergezogen seien. Im „Boten aus Thüringen" wurde recht emotionslos gemeldet, dass die Grande Armée unter Murat, Augereau und Lannes auf die Ebene zwischen Isserstedt und Ketschau gezogen sei, „auf welcher die vereinigten Preussen und Sachsen den Franzosen den heftigsten Widerstand leisteten, nach einer beynahe zwölfstündigen Schlacht aber zu weichen und sich mehrere Stunden zurück zu ziehen genöthigt waren".[154] Als Informationsquelle diente hier offensichtlich die „Gothaische Privilegirte Zeitung". Im „Allgemeinen Anzeiger" gar war zunächst nur von „zwey angstvoll durchlebten Tagen, dem 13. und 14. October, welche die Nähe einer Hauptschlacht zwischen den französischen und preußischen Armeen herbeyführte"[155], die Rede. Und auch der Bericht in der „National-Zeitung der Teutschen" ist vom Bemühen um Objektivität gekennzeichnet.[156]

Erst als sich den Publizisten das wahre Ausmaß der Schlacht und nicht zuletzt die riesige Zahl der zu beklagenden Opfer erschloss, nahm auch die emotionale Färbung der Berichterstattung zu. Das „Weimarische Wochenblatt" etwa bezeichnete das Geschehen jetzt als „traurige Kriegsereignisse",[157] und auch in einem „Schreiben von der Saale" in der „Privilegirten Gothaischen Zeitung", datiert vom 25. Oktober, wird diese Sicht augenscheinlich:

„Unser so ruhiges und glückliches Saalthal, wo man sonst in dieser Jahreszeit Obst pflückt und Wein keltert, ist seit Anfange dieses Monats der Aufenthalt des Schreckens und der Schauplatz der Drangsale eines von beyden Seiten mit Erbitterung geführten Krieges gewesen. Die Schlacht des 14. Octobers war von einem viel größern Umfange, als es nach den ersten Nachrichten angegeben werden konnte [...] Die Gegend von Apolda und Sulza war der Mittelpunct des Schlachtfeldes. Mehrere Dörfer dieser Gegend litten darunter beträchtlich, und Auerstädt wurde beynahe ganz ein Raub der Flammen. Hier war es, wo der erste Soldat der preuß. Armee, der regierende Herzog von Braunschweig, durch eine Kartätschenkugel verwundet wurde. Die große Menge von Verwundeten, welche nach Jena und Naumburg gebracht worden sind, läßt auf den großen Verlust schließen, welchen beyde Armeen erlitten haben [...].

Man kann annehmen, daß vom 14. Oct. an von Jena bis nach Halle alle Tage auf beyden Ufern der Saale unausgesetzt gefoch-

Tod des Herzogs von Braunschweig bei Hassenhausen – Lithographie von Wolff nach Vernet, um 1820

ten und Tausende von Menschen ein Raub des Todes geworden sind. Wie viel diese ganze Gegend, der ruhige Landmann und der arme Städter dabey gelitten und verloren, diese Schilderung wäre ein vergeblicher Versuch, und würde doch von dem, der nicht selbst Augenzeuge solcher Scenen gewesen ist, in Zweifel gezogen werden."[158]

Zu den ersten offiziösen Verlautbarungen, die in mehreren thüringischen Blättern fast zeitgleich eingerückt wurden, zählten die Mitteilung des Jenenser Prorektors Johann Philipp Gabler über die Fortsetzung der Vorlesungstätigkeit an der Universität Jena mit Beginn des Wintersemesters am 3. November 1806 sowie ein Dekret des französischen Intendanten im ersten Arrondissement von Sachsen, Villain, vom 9. November.[159] Letzteres zielte auf die Aufrechterhaltung von Ruhe und Ordnung in den französisch besetzten Territorien, während das erstere davon berichtete, dass eine Universitätsdeputation am 15. Oktober bei Napoleon hatte vorsprechen dürfen. Sie habe dabei von diesem die Versicherung erhalten, „die Universität Jena in Ihren besonderen kaiserlichen und königlichen Schutz zu nehmen, sie und ihre Mitglieder bei ihren Privilegien ungekränkt zu lassen, und ihr dieselbe Auszeichnung zu gönnen, deren sich, unter ähnlichen Umständen, andere deutsche Universitäten zu erfreuen gehabt haben".[160]

Zugleich achteten auch die örtlichen bzw. die territorialstaatlichen Behörden darauf, dass sich in der Bevölkerung keinerlei Konflikte mit den Franzosen entwickelten. Dies zeigt beispielsweise eine Stellungnahme der Fürstlich Schwarzburgischen Regierung in Arnstadt vom 21. Oktober, die bereits tags darauf in der „Arnstädtischen Zeitung" eingerückt war und wohl auch als Appell zur publizistischen Selbstzensur zu verstehen war:

„Es wird hierdurch bey strenger Ahndung anbefohlen, sich aller voreiligen Urtheile und unzeitigen Raisonnements über politische Gegenstände und Begebenheiten an öffentlichen Orten zu enthalten; vielmehr wird Jedermann zu einem ruhigen, ordentlichen Verhalten, und vorzüglich zu einem vorsichtigen und bereitwilligen Betragen gegen fremde Militair-Personen ernstlich ermahnet."[161]

In quantitativer Hinsicht stellt sich die Berichterstattung über die Schlacht bei Jena sehr differenziert dar. Neben dem völligen Verschweigen der Ereignisse in mehreren Intelligenzblättern stehen knappe Meldungen von wenigen Zeilen, aber auch ausführliche und mehrteilige Berichte, die das Geschehen von verschiedenen Aspekten her beleuchten. Dies gilt insbesondere für das „Intelligenzblatt zur Jenaischen Allgemeinen Literatur-Zeitung", das dem Ereignis und seinen diversen Implikationen 378 Zeilen widmete, aber auch für die „Neue privilegirte Geraische Zeitung" mit 200 Zeilen und einem Extrablatt sowie für die „National-Zeitung der Teutschen" mit 60 Zeilen. Mehrere kürzere Meldungen brachten die „Privilegirte Gothaische Zeitung" und die „Gemeinnützigen Blätter für Freunde des Vaterlandes", die zudem ähnlich wie einige andere Periodika auch noch diverse obrigkeitliche Dekrete wie den „Aufruf von Sr. Majestät dem Kaiser der Franzosen und König von Italien an die Völker Sachsens" publizierten.[162]

Die Schlacht bei Jena war für eine Reihe der thüringischen Periodika für mehrere Wochen von zentraler Bedeutung. Neben die Beschreibung des militärischen Verlaufs trat aber schon sehr rasch die ausführliche und vielfältige Erörterung der Neben- und Folgewirkungen des Geschehens. Dies betrifft sowohl die Beschreibung der Situation in den Städten Jena, Weimar und Auerstedt als auch das Schicksal der großen Zahl der Opfer sowie den von Jena ausgehenden weiteren Kriegsverlauf. Insofern stellt das „Medienereignis Jena 1806" einen Komplex dar, der weit über das militärische und politische Geschehen hinausgeht und auch Aspekte des Alltagslebens, der Mentalität sowie der sozialen Lage der Bevölkerung umfasst. Das Geschehen im Oktober 1806 wurde von großen Teilen der thüringischen Bevölkerung ganz unmittelbar, gleichsam physisch wahrgenommen. Durch die Truppenbewegungen, durch Besetzungen, Plünderungen und Brandschatzungen, durch Einquartierungen und durch das Kampfgeschehen selbst musste eine Vielzahl der Einwohner eigene Eindrücke sammeln.[163] Hierzu gibt es mancherlei Zeugnisse in der Memoirenliteratur und in diversen Korrespondenzen.[164] Dies widerspiegelt sich zum Teil aber auch schon in den Wochen nach der Schlacht in den regionalen Periodika.

Verschiedene Texte, aber auch Anzeigen dokumentieren die Störungen und Veränderungen im Alltagsleben, die bereits mit den Truppenbewegungen vor der Schlacht einsetzten. Besonders markant war dies in Städten wie Jena und Weimar. „Wir haben einen für unsre Stadt und Land unvergeßlich-schrecklichen Zeitpunkt erlebt – aber auch nun hoffentlich überstanden", hieß es in einem Bericht aus Weimar. „Alle Bedürfnisse des Lebens, Brod allein ausgenommen, dessen Preis noch leidlich blieb, stiegen so sehr, daß ein Pfund Butter mit 1 Rthlr., ein Ey mit einem gl. etc. bezahlt wurden. Unsre Besatzung war ausserordentlich stark, und sie verließ uns erst am Tage der großen Schlacht, nach deren Ende schon gegen Abend die Franzosen einrückten. Diese Ankunft war allerdings mit unendlichen Schreckenscenen verknüpft, die sich dadurch noch vermehrten, daß Feuer entstand [...]. Ein schreckenvoller Auftritt war es, daß alle Gefangene aus dem Zuchthause auf freyen Fuß kamen."[165]

Über Plünderungen durch Betrüger in der Uniform getöteter französischer Soldaten wird dabei ebenso berichtet wie über die

78

General Buonaparte – Kupferstich von J. H. Lips, um 1799/1800

Aussetzung der turnusmäßigen Markttage im schwarzburgischen Königsee und die notwendig gewordene Schließung einer Gastwirtschaft.[166] In Anzeigen wird von einzelnen Bürgern Gestohlenes und Vermisstes gesucht. Andere Artikel und Bekanntmachungen spiegeln die gravierenden Auswirkungen der Schlacht auf das Leben der Bevölkerung im Umfeld des Geschehens wider und dokumentieren ihre Not und ihre Leiden. Der „Allgemeine Anzeiger" beispielsweise rückte eine Stellungnahme der Gerichtsbehörde von Auerstedt ein, in der unter der Überschrift „Bitte an Menschenfreunde" über das Biwak der Franzosen in der dortigen Gegend berichtet wurde. Die Behörde hielt es „für dringende Pflicht, allen Menschenfreunden das traurige Schicksal des hiesigen Orts an das Herz zu legen":

„Bey dem Rückzuge der Franzosen wurde der hiesige Ort in Brand gesteckt, und die armen Bewohner am Löschen gehindert, auch des Orts Feuerspritze mit fort genommen. So wurden 40 Häuser mit Ställen und Scheuern ein Raub der Flammen, und alles Vieh, was die bivouaquirenden Soldaten nicht verbraucht hatten, wurde verbrannt.

Nach diesem Unglück bivouaquirte die französische Armee mehrere Tage in hiesiger Gegend, und, wer es weiß, was Bivouaquiren in Feindes Land, unmittelbar nach einer so blutigen als mörderischen Schlacht heiße, wird sich einen Begriff von dem Elende machen können, welches den hiesigen Ort betroffen hat.“[167]

Wenig später veröffentlichte der „Allgemeine Anzeiger" eine „Bitte um Unterstützung für die Unglücklichen in Thüringen", in der es hieß: „Thüringen ist aus dem Schauplatz blutiger Schlachten die Heimath des Jammers und der Thränen geworden. Tausende seiner Bewohner befinden sich in der äußersten Dürftigkeit, ohne Brod, entblößt von Kleidung, ohne Mittel, sich nur die nöthigen Bedürfnisse zu ersetzen, ja viele ohne Wohnung, – an der Schwelle des Winters."[168]

In der „Arnstädtischen Zeitung" wurde ein Spendenaufruf für die Bevölkerung von Jena publiziert. Darin heißt es, dass „sämmtliche hiesige Unterthanen sowohl in der Stadt, als auf dem Lande hierdurch aufgefordert" werden, „das, was sie an Leinwand und alten Bett-Tüchern missen können, an den hiesigen Stadtrath [...] abzugeben, damit solches alsdann zu obigem Behuf von hier nach Jena gesendet werden kann".[169] Und auch die „Privilegirte Gothaische Zeitung" richtete schon frühzeitig einen „Aufruf an die das menschliche Elend so gern lindernden Gothaer".[170]

Die thüringische Presse spiegelt in den Wochen nach der Schlacht bei Jena auch die Tatsache wider, dass sich das öffentliche Leben erheblich von der Normalität entfernt hatte. So wurde etwa vom Eisenacher Rat „der gesammten Bürgerschaft hiermit bekannt gemacht, daß keinem hiesigen Bürger, bey Vermeidung harter Leibesstrafe, erlaubt seyn solle, Fourage von Kaiserl. französischer Reiterei zu kaufen. Desgleichen wird auch jedermann untersagt, Gegenstände, die zu den allhier errichteten Lazarethen gehören, namentlich Betten, Bettücher, Decken, zu kaufen, unter der Verwarnung, daß sie dergleichen Sachen ohnentgeldlich zurückgeben müssen".[171]

Im „Weimarischen Wochenblatt" heißt es unter anderem:

80

„Es sind bei den zeitherigen so traurigen Kriegsereignissen mehrere auf die Sicherheit, Reinlichkeit und Ordnung der hiesigen Stadt abzweckende Polizey-Verfügungen ungescheut übertreten worden, vorzüglich hat unter der niedern Classe der Einwohner das Tabacksrauchen auf der Straße allgemein überhand genommen."[172] Im gleichen Blatt wird beklagt, dass „am 14. und 15. October dieses Jahres, das F. Hofbrauhaus erbrochen und alles vorräthige Bier in Gefäßen fortgetragen worden ist".[173] Um derartigen „Verfehlungen" entgegenzutreten sowie „Ruhe und Ordnung" wieder herzustellen, wurden wiederholt obrigkeitliche Bekanntmachungen publiziert.

Derartige Presseberichte sind nicht nur für das Geschehen in den Oktobertagen des Jahres 1806 von einigem Quellenwert, sondern sie dokumentieren zugleich den Wandel in der Wahrnehmung dieser außergewöhnlichen, von der Präsenz des französischen Militärs geprägten Situation. Bemerkenswert ist dabei auch eine ganze Reihe publizistischer Wortmeldungen zu den wiederholten Einquartierungen. Die Einquartierungen wurden von der Bevölkerung bereits im Oktober 1806 als eine besondere Belastung empfunden und verstärkten noch die ohnehin schon beträchtliche Not. Im „Allgemeinen Anzeiger" entwickelte sich hierzu in den Monaten November und Dezember 1806 eine engagierte Debatte. Einer der ersten Publizisten, die sich daran beteiligten, betonte, dass die Einquartierungen die Menschen „beynahe bis zum Verderben drücken".[174] Allerdings gab er seinen Worten zugleich noch eine napoleonfreundliche Wendung, indem er ergänzte: „Gewiß kann es nicht der Wille des großmüthigen Napoleon's seyn, ein Land, das in der engsten Verbindung mit ihm steht, zu Grunde gehen zu lassen."[175] Auch hierbei zeigt sich also der Riss zwischen einer publizistisch vorgetragenen Franzosenfreundlichkeit und der bitteren Wirklichkeit von Krieg und Fremdherrschaft.

Als Resümee bleibt festzuhalten, dass von der Schlacht bei Jena und Auerstedt 1806 in mehreren thüringischen Periodika ausführlich berichtet und in einigen auch noch genauere Hintergrundinformationen geliefert wurden. Dies war jedoch meist von einer gewissen Zurückhaltung geprägt. Die Gier nach Sensationen, die sich in Nachrichten und Kommentaren zu den Er-

Bonaparte als Erster Konsul im Park von Malmaison –
Kupferstich nach J.-B. Isabey, 1803

eignissen der Französischen Revolution seit 1789 in manchem
thüringischen Blatt durchaus gezeigt hatte, findet sich nicht. Die
große Nähe des Geschehens, die unmittelbare Betroffenheit in
großen Teilen Thüringens, das menschliche Leid von Soldaten
und Zivilbevölkerung sowie das Schicksalhafte der Ereignisse
ließen offensichtlich für publizistische „Effekthascherei" keinen
Raum. Ohnehin trat das politische und militärische Ereignis ver-
gleichsweise rasch in den Hintergrund. Die Meldungen über die
Schlacht wichen einer Vielzahl von Artikeln, Bekanntmachungen, Befehlen und Anzeigen, welche die Auswirkungen des Geschehens auf das öffentliche Leben, auf den Alltag der Bevölkerung in den Dörfern und Städten sowie auf ihre unmittelbare Le-
benssituation und ihre Mentalität dokumentieren. Dies sei
exemplarisch nochmals mit einem Zitat belegt, das einer Zei-
tungsanzeige vom 22. Oktober 1806 entstammt und in dem Maria Krahmer aus Weimar in schlichten Worten zum Ausdruck

bringt, wie tief und existentiell das Kriegsgeschehen in das Leben einer einfachen Frau einzugreifen vermochte:

„An dem Tage, wo die preußischen Truppen durch die hiesige Stadt retirirten, und die Franzosen einrückten, sind mir Unterzeichneter meine vier Kinder unter das Gewühl von Menschen gekommen und wahrscheinlich aus Angst noch nicht wieder zurück gekommen. Drey waren weiblichen Geschlechts. [...] Sollten selbige Jemandem zu Gesicht kommen, der wird von mir gebeten, sie zu ermahnen, daß sie zu ihrer betrübten Mutter zurückkehren möchten."[176]

7. Die thüringischen Staaten in der Rheinbundzeit

Nach der Dreikaiserschlacht bei Austerlitz am 2. Dezember 1805 hatte die Zeit des Dritten Koalitionskrieges mit dem Friedensvertrag von Preßburg am 26. Dezember 1805 ihr Ende gefunden. Napoleon festigte sein Imperium mit Vasallenfürstentümern seiner Brüder Joseph Bonaparte als König von Neapel und Louis Bonaparte als König von Holland sowie seines Schwagers Joachim Murat als Großherzog von Berg. Der politischen Stabilisierung bei gleichzeitiger Sicherung des Einflusses von Napoleon Bonaparte diente auch der Rheinbund, zu dem sich 16 deutsche Fürsten im Sommer 1806 zusammenschlossen und zu dessen Kern die drei süddeutschen Staaten Bayern, Württemberg und Baden zählten. Thüringen war zunächst nicht vertreten. Die Verfassung des Bundes, die Rheinbundakte, wurde am 12. Juli 1806 in Paris unterzeichnet.[177] Die Bevollmächtigten der Rheinbundstaaten erklärten dann am 1. August 1806 vor dem Reichstag in Regensburg den Austritt aus dem Heiligen Römischen Reich.[178]

In der Folge traten weitere 23 deutsche Staaten dem Rheinbund durch so genannte Akzessionsverträge bei. Als letztes Mitglied war das Königreich Westfalen mit Vertrag vom 15. November 1807 zum Rheinbund gestoßen. Damit waren Ende 1807 sämtliche deutsche Staaten mit Ausnahme von Österreich, Preußen, Dänisch-Holstein und Schwedisch-Pommern im Rheinbund vereinigt. Die Rheinbundstaaten wurden auch als das „Dritte Deutschland" bezeichnet, nach bzw. neben Österreich und Preußen. Dieses „Dritte Deutschland" stand von 1806/07 bis 1813 staatsrechtlich und völkerrechtlich unter dem Protektorat des Kaisers der Franzosen. Protektorat bedeutete in diesem Falle aber nicht in erster Linie Förderung und Schutz durch Napoleon, sondern dessen Oberherrschaft. In diesem Sinne war der Rheinbund fester Bestandteil des napoleonischen Hegemonialsystems in Europa.

Die Rheinbundakte war ein völkerrechtlicher Vertrag, abgeschlossen von Napoleon Bonaparte als dem Protektor des Bundes auf der einen und von den Mitgliedsstaaten auf der anderen Seite. Die beteiligten Staaten gingen völkerrechtliche Verpflichtungen ein und schufen mit dem Bund zugleich ein politisches Eigenwesen. Als ein Verfassungsvertrag konstituierte die Rheinbundakte zudem eine innere politische und verfassungsmäßige Grundordnung dieses Staatenbundes. Dadurch sollte der Bund zu einem willensfähigen und handlungsfähigen Gesamtkörper gemacht werden. Im staatsrechtlichen System des Rheinbundes hatte der frühere Erzkanzler des Alten Reiches Karl Theodor von Dalberg die Stellung eines geschäftsführenden Bundesorgans mit dem Titel Fürstprimas. Er besaß keine Herrschafts- oder Regierungsrechte innerhalb des Bundes, sondern übte lediglich geschäftsführende Funktionen aus. Insbesondere sollte dem Fürstprimas der Vorsitz im Bundestag zustehen, welcher allerdings niemals zusammentrat. Dieser Bundestag war als das gemeinsame Organ des Rheinbundes vorgesehen und sollte sich in das Kollegium der Könige und das der Fürsten unterteilen.

Das Protektorat Napoleons über den Rheinbund diente der Rheinbundakte zufolge der Sicherheit der Rheinbundstaaten. Es war auf außenpolitische und militärische Aspekte begrenzt. Der verbürgte Schutz der einzelnen Rheinbundstaaten durch Frankreich war aber de facto eine militärische Beistandspflicht der Rheinbundstaaten für Frankreich. Denn die Rheinbundstaaten durften keine eigene Außenpolitik führen und auch keine Kriege erklären. Diese Rechte standen nur Napoleon zu. Der Kriegsfall trat also nur durch Frankreich ein. Und allein der Bundesprotektor traf die Entscheidung, ob und wann die Situation gegeben war, in welcher die Rheinbundstaaten ihre Pflicht auf militärischen Beistand ausüben mussten. Eine außenpolitische Souveränität besaßen die Rheinbundstaaten also nicht. Über die militärischen und außenpolitischen Befugnisse hinaus waren offiziell keinerlei Interventionsrechte des Protektors in

Der Rheinbund – Lithographie von Molte

Bezug auf die inneren Angelegenheiten vorgesehen. Die Mitgliedsstaaten besaßen der Rheinbundakte zufolge in wichtigen
Bereichen Souveränität. Dies bezog sich auf die Gesetzgebung,
auf die Rechtssprechung, auf die Hohe Polizei, auf die Steuerer-
hebung und auf die Rekrutierung der Soldaten. In der Realität
sah dies jedoch anders aus. Die Autorität und die Macht Napoleon Bonapartes machten auch vor der Innenpolitik der Rheinbundstaaten keinen Halt. Das betraf zwar meist nicht die großen
Linien der Politik, schloss aber konkrete Ein- und Übergriffe
nicht aus.

Mit der Gründung des Rheinbundes waren die expansiven
Bestrebungen Napoleon Bonapartes den Menschen in Thüringen bedrohlich nahe gerückt. Die Jahre zuvor, indirekt zwar
ebenfalls deutlich von Napoleon geprägt, waren aus Sicht der
thüringischen Territorialstaaten wenig spektakulär gewesen.
Selbst die territoriale „Flurbereinigung" des Reichsdeputations-
hauptschlusses von 1803, der Hunderte kleinerer politischer
Herrschaften zum Opfer gefallen waren, hatte man unbeschadet
überstanden. Jener Schritt, der der Gründung des Rheinbundes

dann folgte, wirkte aber schon bedrohlicher, die Abdankung und Niederlegung der deutschen Kaiserkrone durch Franz II. am 6. August 1806. Obwohl der Kaiser eigentlich keine rechtliche Vollmacht zur Auflösung des Reiches und dabei nicht einmal den Reichstag als das Repräsentativorgan aller Reichsstände konsultiert hatte, war das Heilige Römische Reich deutscher Nation mit diesem einschneidenden Schritt doch praktisch erloschen. Dies bedeutete für die thüringischen Staaten, dass sie ihr bisheriges Schutzverhältnis unter dem Dach des Reiches verloren hatten. Sie waren faktisch souverän geworden.

Um den politischen Gefahren dieses neuen Zustandes zu entgehen, musste man eine neue politische Anbindung suchen. Hierfür waren im August 1806 verschiedene Varianten denkbar. Die Annäherung und Anbindung an Kursachsen wurde ebenso erwogen wie eine engere Anlehnung an Preußen. Auch mit dem Gedanken an einen Thüringer Staatenbund wurde 1806 gespielt. Und schließlich kam der neu gegründete Rheinbund als übergreifendes Integrationselement für die thüringischen Staaten in Frage. Für alle diese Varianten hatte es im Sommer 1806 diplomatische Anstrengungen gegeben.[179] Die weitere Entwicklung sorgte allerdings dafür, dass drei der vier Varianten letztlich bloße Theorie blieben. Mit dem Sieg Napoleons über die verbündeten Heere der Preußen und Sachsen in der Schlacht bei Jena und Auerstedt kam seit Oktober 1806 faktisch nur noch die Rheinbund-Option in Frage. Hierzu bedurfte es aber noch einer Reihe diplomatischer Verhandlungen.

Der politisch wichtigste der thüringischen Staaten, das Herzogtum Sachsen-Weimar-Eisenach, geriet dabei allerdings in eine sehr schwierige Situation. Zum einen befand sich das Schlachtfeld zu weiten Teilen auf dem eigenen Territorium, jedoch weitaus schwerer ins Gewicht fiel die Tatsache, dass Herzog Carl August seit 1787 in Diensten des preußischen Militärs stand. Er hatte 1792 bereits den Feldzug in die Champagne mitgemacht und dann am 4. Oktober 1806 ein Bündnis geschlossen, in welchem er sich selbst sowie 700 Husaren und 40 Scharfschützen den Preußen zur Verfügung stellte. Damit war Sachsen-Weimar-Eisenach der einzige thüringische Staat, der sich im Herbst 1806 mit Napoleon Bonaparte im Kriegszustand befand.

Weimarer Scharfschützenbataillon von 1806 – Lithographie von T. Götze, 1806

Herzogin Luise von Sachsen-Weimar-Eisenach

Als Führer der preußischen Vorhut floh Carl August nach der Niederlage bei Jena in Richtung Norden. So war es Herzogin Luise, die in einer Unterredung mit Napoleon am 16. Oktober 1806 im Schloss von Weimar um Schonung des Landes bitten musste. An Carl August richtete Napoleon die Aufforderung auf sofortige Rückkehr binnen 24 Stunden bei Androhung des Thronverlustes.

Die Lage war äußerst bedrohlich, zumal man in Weimar nicht wusste, wo sich der Herzog mit seinem Jägerkorps befand. Der Weimarer Geheime Rat Wilhelm Ernst Friedrich von Wolzogen schrieb am 17. Oktober an Carl August: „In vier Tagen sind viele Jahrhunderte durchlebt, so häufen sich die Begebenheiten. Der Kaiser Bonaparte hat es nicht gut aufgenommen, daß Euer Durchlaucht gegen die Franzosen dienen und Kontingent gestellt haben. Das Land wird als feindlich angesehen und behandelt – und vielleicht ganz weggenommen, wenn nicht schleunige Maßregeln getroffen werden."[180] Erst viele Tage später konnte der Herzog gefunden und zur Rückkehr nach Weimar bewogen werden. Zuvor war er mit Datum vom 18. Oktober von König Friedrich Wilhelm III. aus dem preußischen Militärverhältnis entlassen worden.[181] Die letztlich glimpfliche Behand-

Viertelsmeister Petri bittet Napoleon um Schonung der Stadt Weimar – Lithographie von T. Götze, 1806

lung, die Sachsen-Weimar-Eisenach durch Napoleon Bonaparte erfuhr, wird vor allem der Rücksichtnahme auf die russische Verwandtschaft des Herzogshauses zugeschrieben, war doch die Schwiegertochter Carl Augusts, Erbherzogin Maria Pawlowna, die Schwester von Zar Alexander. Die anderen thüringischen Staaten erhoben bei Ausbruch des Krieges im Oktober 1806 Anspruch auf Neutralität. Das hinderte die Franzosen aber nicht daran, nach dem Sieg bei Jena und Auerstedt sämtliche thüringischen Staaten zunächst als „pays conquis" zu behandeln, als erobertes Territorium. Die französische Kriegsverwaltung folgte den Armeen Napoleons auf dem Fuß. Thüringen wurde der Verwaltung des Intendanten Villain unterstellt, der seinen Sitz in Naumburg hatte. Bereits Anfang November gingen bei den Regierungen Kriegssteuerforderungen in beträchtlicher Höhe ein. Sachsen-Weimar-Eisenach hatte demnach 2.200.000 Francs an Napoleons Behörden zu entrichten, Sachsen-Gotha 1.700.000 Francs, Sachsen-Coburg 885.000 Francs, Sachsen-Meiningen 721.000 Francs, Sachsen-Hildburghausen 548.750 Francs und die beiden schwarzburgischen Fürstentümer zusammen immerhin 931.250 Francs.[182] Verschont blieben lediglich die beiden Linien Reuß, da deren Neutralität durch die Franzosen alsbald anerkannt wurde. Außerdem gelang es Sachsen-Gotha schon Mitte November, die Aufhebung der Kriegssteuerforderung zu erwirken. Dies lag allerdings nicht so sehr an der glühenden Napoleon-Verehrung des Gothaer Herzogs August sondern vielmehr an der Tatsache, dass man in einem Vertrag vom 15. September 1806 die eigenen Truppen Holland zur Verfügung gestellt hatte.

In den folgenden Wochen war die Politik der thüringischen Regierungen darauf ausgerichtet, die Streichung oder wenigstens die Minderung der französischen Forderungen zu erreichen und zugleich einen politischen Status zu erlangen, der ihnen ihre staatliche Existenz sicherte. Was nach intensiven diplomatischen Bemühungen letztlich zustande kam, wenn auch nicht zeitgleich, war der Beitritt sämtlicher thüringischer Territorialstaaten zum Rheinbund. Zunächst wurde im Vertrag von Posen vom 15. Dezember 1806 der Beitritt der ernestinischen Herzogtümer Sachsen-Weimar-Eisenach, Sachsen-Gotha-Altenburg, Sachsen-Meiningen, Sachsen-Hildburghausen und Sachsen-Coburg besiegelt. Coburg wurde allerdings, nachdem man dort am 18. Januar 1807 ein großes „Souveränitätsfest" gefeiert hatte, von Napoleon umgehend wieder unter französische Zwangsverwaltung gestellt. Vorbehalte gegen das Haus Coburg gab es ohnehin, da Herzog Franz am 9. Dezember gestorben war und sein Sohn und Nachfolger Ernst I. zunächst in preußischen und dann in russischen Diensten gestanden hatte. Erst der Friedensschluss von Tilsit im Juli 1807 ermöglichte Ernst I. die Rückkehr nach Coburg und gab dem Herzogtum seine Souveränität im Rahmen des Rheinbundes zurück.

Für die schwarzburgischen und reußischen Staaten in Thüringen war der Beitritt zum Rheinbund nach der Aufnahme der ernestinischen Herzogtümer nur noch eine Frage der Zeit, die Verhandlungen liefen. Am 18. April 1807 wurde zu den gleichen Bedingungen wie für die Ernestiner die Aufnahme der Fürstentümer Schwarzburg-Rudolstadt und Schwarzburg-Sondershausen sowie der Fürstentümer Reuß älterer Linie und Reuß jüngerer Linie in den Rheinbund vollzogen. Damit fanden die thüringischen Staaten nach dem Ende des Alten Reiches ein neues Schutzverhältnis unter dem Protektorat Napoleon Bonapartes. Zugleich fanden sie Gelegenheit zu einer Neuausrichtung ihrer Politik und zu innerer Erneuerung.

Der Forschungsstand über die Rheinbundzeit in Thüringen ist allerdings noch immer sehr lückenhaft, mit Ausnahme des zumindest teilweise untersuchten Herzogtums Sachsen-Weimar-Eisenach. Reformbedarf gab es dort durchaus, und nach heutigem Kenntnisstand wurden Reformen auch angegangen. Friedrich von Müller, der für Herzog Carl August die Unterhandlungen zum Frieden von Posen und damit zum Rheinbundbeitritt führte, stellte noch im Dezember 1806 ein 44-Punkte-Programm zur Reorganisation des Herzogtums Sachsen-Weimar-Eisenach auf. Der erste Teil dieses Programms behandelte die außenpolitischen Folgen des Friedens von Posen, der zweite Teil umfasste innenpolitische Reformvorschläge. Neben juristischen, finanziellen und militärischen Projekten führte der Maßnahmenkatalog auch sechs Punkte zur Verbesserung der „Polizey und Allgem. Industrie u. Cultur" an. Gleich an erster Stelle erschien hier unter Punkt 36: „Errichtung einer Politischen Zeitung. Etwa bey Bertuch; AddreßCalender Verbeßerung." Eingebunden in ein Reformprogramm mit weiteren publizistischen Maßnahmen, sollte also eine politische Tageszeitung dabei helfen, das zerrüttete Herzogtum wieder aufzubauen.

Im Jahre 1809 ließ Carl August eine „Konstitution der vereinigten Landschaft" erarbeiten,[183] die mit einer stärkeren Zusammenfassung der drei Landesteile des Herzogtums und vereinfachter Verwaltung zugleich die Ständerechte klarer fixierte. Bei weitgehender Wahrung landesherrlicher Vollgewalt deuteten sich damit Tendenzen in eine konstitutionelle Richtung an. 1810 wurden die Stadtverfassungen Jenas, Weimars und Apoldas reformiert. Seit 1809 wurde zudem über ein neues Aushebungssystem beraten, das 1811 erlassen wurde. Ebenfalls 1811 wurde auch die traditionale Zunftverfassung aufgehoben.

Zeitweilig erwog man in Sachsen-Weimar-Eisenach sogar die Einführung des „Code Napoléon", des französischen bürgerlichen Gesetzbuches. Ein diesbezüglicher Vorschlag soll allerdings auf den Widerstand des Herzogs Carl August und der eher preußisch orientierten Kreise am Weimarer Hof gestoßen sein. Anders als etwa in Westfalen und in Berg wurde das napoleonische Zivilgesetzbuch in keinem der thüringischen Staaten eingeführt, es blieb lediglich bei einer gewissen Vorbildwirkung. Wie das Beispiel Weimar zeigt, war die Zugehörigkeit zum Rheinbund aber keineswegs ohne Auswirkungen auf innere Reformbestrebungen geblieben.

Für die Thematik „Napoleon in Thüringen" ist jedoch nicht in erster Linie die Frage von Interesse, ob die thüringischen Staaten seit 1806/07 ähnlich wie die süddeutschen und westdeutschen Rheinbundmitglieder eine Reformperiode durchliefen und ob sie, wofür einiges spricht, hinsichtlich ihrer innenpolitischen Entwicklung eine Mittelstellung zwischen Preußen einerseits und den süd- und westdeutschen Rheinbundstaaten andererseits einnahmen. Vielmehr sollen im Folgenden die Hauptlinien der staatlichen Entwicklung angedeutet und zugleich einige Aspekte des konkreten Verhältnisses zum Protektor des Rheinbundes skizziert werden. Und dies betraf neben den bereits angesprochenen Kriegssteuerforderungen vor allem den

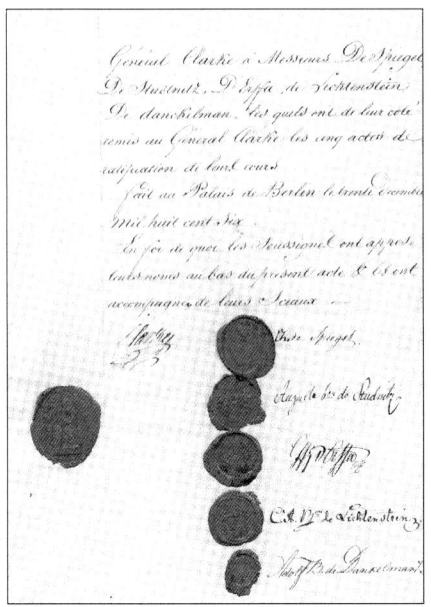

*Rheinbundvertrag – Austausch der Verträge in Berlin mit
allen herzoglichen Bevollmächtigten, 30.12.1806*

militärischen Beitrag der thüringischen Rheinbundstaaten zu
den Kriegen Napoleons. Allesamt mussten sie nicht unbeträcht-
liche Truppenkontingente stellen.[184]

Gestaffelt nach Einwohnerzahlen waren dies für Sachsen-
Gotha-Altenburg 1.100, für Sachsen-Weimar-Eisenach 800, für
Sachsen-Coburg 400, für Sachsen-Meiningen 300, für Sachsen-
Hildburghausen 200, für die beiden Fürstentümer Schwarzburg
jeweils 325 und für Reuß älterer und jüngerer Linie zusammen
450 Soldaten. Von den ernestinischen Staaten wurde ein ge-
meinsames Regiment „Herzöge von Sachsen" aufgestellt, das
einem zwischen Gotha und Weimar alternierenden Kommando
unterstellt wurde. Die 2.800 Mann des 4. Herzoglich-Sächsi-
schen Infanterieregiments als Teil der Rheinbundtruppen standen seit 1807 unter dem Befehl des Obersten August Friedrich
Carl von Egglofstein. Von Anfang an hatte man aber auch mit
dem Problem der Desertion zu kämpfen. Bereits im Frühjahr

1807 entzogen sich vom Hildburghäuser Truppenteil 87 und vom Meininger Kontingent 104 Soldaten dem Militärdienst durch Fahnenflucht. Der weimarische Anteil reduzierte sich auf die gleiche Weise bis April 1807 um ein Viertel.[185]

Der erste militärische Einsatz war die Belagerung der Stadtfestung Kolberg im März 1807, die mit dem Frieden von Tilsit im Juli des gleichen Jahres endete.[186] Im Frühjahr 1809 wurde das Regiment in Richtung Tirol in Marsch gesetzt, wo es nach harten Kämpfen mit den von Andreas Hofer geführten Aufständischen zahlreiche Tote und Verletzte zu beklagen gab. Zudem gerieten mehrere hundert Angehörige des Infanterie-Regiments im Kampf für Napoleons Herrschaft im September 1809 in Gefangenschaft. Und auch in Spanien standen die thüringischen Soldaten für Napoleon Bonaparte auf dem Schlachtfeld. Nach ei-nem fast 18 Monate währenden Militäreinsatz kehrte die Truppe im Juni 1811 stark dezimiert zurück. Und schließlich nahm das durch erneute Rekrutenaushebung aufgefüllte Infanterieregiment 1812 auch an der Belagerung von Hamburg sowie an militärischen Operationen in Stralsund, auf Rügen und in Danzig teil. Im November 1812 gelangte man nach Wilna. Ihren endgültigen Einsatzort Smolensk, das von Napoleon bereits im August 1812 eingenommen worden war, erreichten die Truppen

Das Weimarische Militär auf dem Rückzug nach Wilna – Zeichnung von Geiling, 1812

wegen des Wintereinbruchs nicht. In Wilna musste das Regiment dann am 11. Dezember 1812 in Kämpfen gegen die Russen große Verluste hinnehmen.[187] Insgesamt verlor das Regiment weit über 2.000 Mann – Offiziere, Unteroffiziere und Mannschaften – durch Tod oder Gefangenschaft.[188] Aus dem Gothaer Kontingent beispielsweise kehrten 1813 nur 55 Soldaten von der Front im Osten zurück.[189]

Die Verluste an Menschen und der Aufwand an Ressourcen in Erfüllung der Bündnispflichten für den Kaiser der Franzosen waren also beträchtlich. Zudem erwiesen sich auch die vielen Durchmärsche und Einquartierungen unterschiedlicher Truppen als eine große Belastung für die thüringischen Rheinbundstaaten. Dass dies die Liebe und Zuneigung zu Napoleon Bonaparte bei den betroffenen Familien und Hinterbliebenen nicht eben steigerte, lässt sich leicht ausmalen. Doch obwohl das Herzogtum Sachsen-Gotha-Altenburg von diesen Belastungen am stärksten betroffen war, pflegte man in Gotha bis zum Ende der Rheinbundzeit das intensivste Verhältnis zu Napoleon. Herzog

Herzog August von Sachsen-Gotha-Altenburg – Öl auf Leinwand, 1807

August, dessen Sympathiebekundungen für den Kaiser der Franzosen mitunter schon skurrile Züge annahmen, galt als besonders napoleonfreundlich. Als Zeichen seiner Verehrung ließ der Herzog an der Decke des mit orientalischem Dekor gestalteten Schlafzimmers auf Schloss Friedenstein Napoleons Kopf als Sonne und sein eigenes Haupt als Mond darstellen.[190] Bereits bei der Kaiserkrönung Napoleons im Dezember 1804 hatte August zu den Gratulanten gehört. Insgesamt fünfmal weilte Napoleon in der Residenzstadt, teils auf der Durchreise, teils zu längeren Aufenthalten. Der spektakulärste davon war ein gleichermaßen ehrenvoller wie prächtiger Empfang, den man zu Ehren des Kaisers am 23. Juli 1807 auf Schloss Friedenstein ausrichtete.[191] Eine Ehrenpforte für Napoleon, „eine mit Laubwerk verzierte Loge für die jungen Frauenzimmer hiesiger Stadt" und eine mit Musik untermalte Parade der Gothaer Schützenkompanie gehörten ebenso zu dieser festlichen Inszenierung wie die kaiserliche Tafel im Wohnzimmer des Herzogs.

Auch auf der Ebene der symbolischen Politik sorgte man also in Gotha dafür, dass dem Protektor Napoleon Bonaparte angemessen gehuldigt wurde. In nicht ganz so aufwändiger Weise gilt dies aber auch für die anderen thüringischen Rheinbundstaaten. Bereits am Neujahrstag 1807, zwei Wochen nach dem Vertrag von Posen, dankte man in den Kirchen der ernestinischen Herzogtümer für die Aufnahme in den Rheinbund. Die Geburtstage Napoleons wurden bis zum Jahre 1813 regelmäßig festlich begangen. Was das persönliche Verhältnis der Menschen in Thüringen zu Napoleon während der Rheinbundzeit angeht, so war dies naturgemäß zu jenem Zeitpunkt am intensivsten, als sich der Kaiser der Franzosen für mehrere Tage auf thüringischem Territorium aufhielt, während des Erfurter Fürstenkongresses. Hierzu soll noch eine eigene Betrachtung angestellt werden.[192] Das napoleonfreundliche Gotha bietet allerdings auch das Beispiel für die Bereitschaft des französischen Kaisers und seiner Politiker zu Konfrontation und Repression. Prominentes Opfer war 1811 der weithin bekannte Verleger und erfolgreiche Volksaufklärer Rudolph Zacharias Becker.

Der Herausgeber der „Nationalzeitung der Deutschen" war der antinapoleonischen Propaganda verdächtigt und am 30. November 1811 von der französischen Gendarmerie verhaftet worden. Nach Beschlagnahmung zahlreicher Briefe und Geschäftspapiere wurde Becker unter schwerer Bewachung nach Magdeburg in die dortige Festung verbracht. Obwohl ihm nach mehr als 20 Verhören und eingehender Untersuchung seiner Schriften eine Schuld nicht nachgewiesen werden konnte, verblieb er bis Ende April 1813 in Haft.[193] Napoleon Bonaparte selbst und die Gothaer Presse sorgten aber dafür, dass der für Becker so schmerzliche Vorgang eine propagandistische Wendung für den Kaiser der Franzosen nahm. Auf seiner Fahrt von Paris zum Frühjahrsfeldzug 1813 passierte Napoleon Bonaparte nämlich am 25. April Gotha. Herzog August machte ihm am Chausseewärterhaus in der Erfurter Landstraße seine Aufwartung. Während dieser Begegnung soll sich Beckers Gattin dem Kaiser zu Füßen geworfen und um Begnadigung gebeten haben. In der „Gothaer Privilegierten Zeitung" las sich dieser Vorgang dann vier Tage später wie folgt:

„Seine Maj.[estät der Kaiser – W.G.] geruhten nämlich [...]

Porträt von Rudolph Zacharias Becker – Kupferstich, 1799

der Gattin des seit geraumer Zeit auf der Festung Magdeburg als Staatsgefangener befindlichen Hofraths Becker, welche während des Wechselns der Pferde den günstigen Moment benuzte, sich dem gütigen Monarchen zu Füßen zu werfen und um die Befreyung ihres Mannes zu bitten, ihr unterthänigstes Gesuch auf der Stelle zu gewähren. Die Nachricht von dieser huldvollen Entschließung verbreitete sich augenblicklich unter der versammelten Menge, und in einem aus der Tiefe der Herzen hervorschallenden: Es lebe der Kaiser! Gaben die zahlreich anwesenden Mitbürger Gotha's ihre Gefühle der tiefsten Verehrung und Dankbarkeit und ihre Wünsche für das ferne Wohl des erhabenen Monarchen laut zu erkennen."[194] Das durch Napoleon Bonaparte gewährte Gnadengesuch sei würdig, „in den Jahrbüchern der edeln und schönen Thaten dieses erhabenen Monarchen niedergeschrieben zu werden, als ein ewiges Denkmahl seiner gerechten und gnädigen Gesinnung".

Spätestens in den Tagen des Erfurter Fürstenkongresses im Herbst 1808 hatten die thüringischen Rheinbundstaaten feststellen müssen, dass sie eine selbstständige politische Rolle nicht mehr spielen konnten. Der Rheinbund entsprach zwar immer weniger den Erwartungen der thüringischen Staaten in eine große Schutzgemeinschaft und in einen Garanten der Souveränität. Aber ihr politisches Schicksal war in den Jahren nach 1806/07 fest an Napoleon Bonaparte gekettet. Die Fürsten und ihre Staaten erfüllten Jahr für Jahr ihre Hauptpflichten, den Unterhalt und die Ergänzung der Truppenkontingente. Dabei wuchsen die Belastungen infolge des Russlandfeldzugs 1812 und der sich anschließenden Kämpfe ins Unermessliche. Die Soldatenaushebungen, die Kontinentalsperre und die ungeheuren ökonomischen Kosten lasteten wie eine Hypothek auf dem ganzen Rheinbundsystem.

Die hohen Blutopfer aus den Kriegen des französischen Kaisers verschärften die Lage auch in Thüringen zunehmend, wobei es die größten Bedrückungen nicht in den Territorialstaaten, sondern in Erfurt gab.[195] Ständige Einquartierungen in beträchtlicher Größenordnung, die Zwangsarbeiten beim Ausbau der Zitadelle, die Abgaben und Requirierungen lasteten schwer auf der Bevölkerung. Zudem wurden zahlreiche bauliche Veränderungen in der Stadt vorgenommen, um die Verteidigungsfähigkeit zu erhöhen. Hierzu zählte auch der Abriss sämtlicher Häuser im Umkreis der Zitadelle. Als Anfang 1813 erstmals Erfurter Bürger zum Dienst in der Großen Armee eingezogen werden sollten, regte sich Widerstand. Nachdem jene Personen, die zum Heeresdienst ausgehoben werden sollten, die so genannten Konskribierten, durch Los bestimmt worden waren, kam es vor dem Erfurter Gouvernementsgebäude zu Unruhen. Nur mit Gewalt konnte die Ruhe wieder hergestellt werden. Zwei als Rädelsführer dingfest gemachte junge Männer, der Tagelöhner Johann Christian Schnabel und der Tünchergeselle Johann Georg Günscher, wurden von einem französischen Militärgericht zum Tode verurteilt und am 4. August 1813 standrechtlich erschossen. So verloren Napoleon Bonaparte und sein Herrschaftssystem auf dem speziell für ihn reservierten Territorium in Erfurt ebenso wie in den thüringischen Rheinbundstaaten allmählich auch an Rückhalt in der Bevölkerung. Im Laufe des Jahres 1813 mündete diese Entwicklung letztlich in den Befreiungskriegen gegen Napoleon.

Die wesentliche Rolle in den Befreiungskriegen kam auf deutscher Seite Preußen zu. Aber die Befreiungskriege betrafen selbstverständlich nicht Preußen allein, sondern letztlich das gesamte Territorium des ehemaligen Alten Reichs. Als sich Ende 1812 die Gegensätze zwischen Russland und Frankreich immer weiter zuspitzten, verlangten die patriotischen Kräfte vor allem in Preußen den Bruch mit Frankreich, zu dem König Friedrich Wilhelm III. und sein Staatskanzler Freiherr von Hardenberg aber noch nicht bereit waren. Mit der Niederlage Napoleons in Russland und mit der am 30. Dezember 1812 zwischen dem preußischen Generalleutnant Yorck und dem russischen General Diebitsch geschlossenen Konvention von Tauroggen wurden jedoch deutliche Signale für einen Umschwung des politischen Kräfteverhältnisses gesetzt. Allmählich organisierte sich ein antifranzösischer Widerstand, der nicht zuletzt aus Russland seine Impulse erhielt. Als in Ostpreußen die ersten russischen Einheiten eindrangen, wurden sie von der Bevölkerung als Befreier begrüßt. Viele Männer schlossen sich als Freiwillige diesen Truppen an. Im Laufe des Jahres 1813 begannen auch in jenen

Friedrich Wilhelm III. – Gerard, Öl auf Leinwand

deutschen Territorien antifranzösische Erhebungen, die am stärksten unter Napoleons Druck gestanden hatten, etwa im Großherzogtum Frankfurt und im Großherzogtum Berg. Noch immer hatte Preußen den Franzosen nicht den Krieg erklärt. Aber die Herrschaft Napoleons, auch sein Protektorat über den Rheinbund, empfand man zunehmend als eine Fremdherrschaft.

Anfang Februar 1813 überschritten die Russen die Weichsel und drangen in die preußischen Provinzen Pommern und Brandenburg vor. Das Geschehen ließ für den unentschlossenen preußischen König schon bald kein Abwarten mehr zu. Der russische Vormarsch in Deutschland zwang letztlich zu einem Bündnis mit Russland. Nach längeren Verhandlungen wurde am 27./28. Februar 1813 in Breslau und Kalisch ein entsprechender Vertrag unterzeichnet. Die militärischen Schlüsselpositionen auf der Seite Preußens hielt der General Gerhard Johann David von Scharnhorst inne. Scharnhorst arbeitete an der Verstärkung des Heeres. Schon am 2. Februar 1813 erging ein Aufruf zur Bil-

101

dung freiwilliger Jägerabteilungen. Jegliche Befreiungen vom Militärdienst wurden aufgehoben. Am 16. März 1813 erklärte Preußen dann Frankreich den Krieg. Gleichzeitig erschien die „Verordnung über die Organisation der Landwehr". Damit war die allgemeine Wehrpflicht in Preußen eingeführt. Zugleich kann man mit dem März 1813 auch vom Beginn der Befreiungskriege gegen Napoleon sprechen, der allerdings durchaus noch nicht besiegt war und schon im Frühjahr 1813 eine französische Offensive plante. Neben den regulären Truppen spielten in der politischen Situation des Jahres 1813 auch kleinere Kosakeneinheiten sowie so genannte Freischaren eine militärische Rolle. Die Freischaren unterstanden preußischem Befehl, setzten sich aber aus nichtpreußischen Freiwilligen zusammen. Die wohl bekannteste Formation der Freischar war das Lützow'sche Freikorps, das zeitweise auch auf thüringischem Territorium operierte.

Während das militärische Übergewicht im Frühjahrsfeldzug von 1813 noch eindeutig bei Napoleon lag, leitete eine zwischen den Kontrahenten vereinbarte Phase des Waffenstillstands, die von Juni 1813 bis zum 10. August 1813 währte, eine militärische und politische Wende ein. In dieser Zeit schlossen sich England und Schweden der Koalition gegen Napoleon an. Damit vergrößerten sie das Potenzial der Koalition beträchtlich. Das für den weiteren Verlauf des Krieges entscheidende politische Ereignis aber war der Eintritt Österreichs in die Koalition gegen Frankreich. Mit dem Kriegseintritt Österreichs gegen die Franzosen veränderte sich das Kräfteverhältnis zuungunsten von Napoleon Bonaparte. Es kann davon gesprochen werden, dass sich jetzt auch der Charakter des Krieges änderte. Der nationale Befreiungskrieg verwandelte sich in einen Kabinettskrieg. Aus einem Krieg der Bevölkerung wurde ein Krieg der Regierungen. Das Geschehen fand seinen grausamen Höhepunkt im Oktober 1813. Alles drängte in diesen Tagen in die Gegend von Leipzig, sowohl die verbündeten Mächte als auch die Armeen Napoleons. Seit dem 13. Oktober ließ der französische Feldherrnkaiser große Truppenteile in Richtung Leipzig marschieren. Hier kam es dann am 16. Oktober 1813 zur Hauptschlacht, in der Napoleon in einer viertägigen erbitterten

Schaar der Freiwilligen von Sachsen-Weimar.

„Schaar der Freiwilligen von Sachsen-Weimar", um 1813

Schlacht entscheidend geschlagen wurde. Zwar konnte sich der Kaiser der Franzosen noch den Rückzug freikämpfen, aber nach dem Verlust von einem Drittel seiner Armee musste er sich hinter den Rhein zurückziehen.

An der Schlacht bei Leipzig hatten Soldaten der meisten europäischen Völker teilgenommen. So wurde völlig zu Recht die Bezeichnung „Völkerschlacht" schon während des Kampfes geprägt. Rund 500.000 Soldaten nahmen an der Schlacht teil, davon verlor beinahe jeder Fünfte sein Leben. Die Armee Napoleons zählte am 20. Oktober höchstens noch 80.000 Mann. Nur von der Schlesischen Armee verfolgt, trieb der Kaiser der Franzosen seine Truppen in Gewaltmärschen über Weißenfels und Freiburg in Richtung der thüringischen Städte Erfurt und Gotha. Das Ziel war die französische Grenze. Dabei kam es nur zu kleineren Rückzugsgefechten. Ende Oktober musste sich Napoleon aber nochmals ernsthafterem Widerstand entgegenstellen, am Main bei Hanau gegen eine bayerisch-österreichische Armee unter General Wrede. Wieder einige Tage später überquerte Napoleon mit dem Rest seiner Truppen den Rhein. Aber erst nach weiteren blutigen Schlachten konnten die gegen Napoleon verbündeten Mächte am 31. Mai 1814 in Paris einmarschieren. Eine Woche später verzichtete Napoleon auf den Thron.

Als sich im Herbst 1813 die Niederlage des Kaisers der Franzosen abzuzeichnen begann, hatte als erster großer Rheinbundstaat Bayern die französische Vorherrschaft abgeworfen. Bayern schloss sich der Koalition an. Im Vertrag von Ried vom 8. Oktober 1813 sagte Österreich Bayern die volle Souveränität zu. Man garantierte Bayern den größten Teil der von Napoleon zugeschlagenen Territorien und versprach für Gebietsrückgaben andere Landerwerbungen. Österreich äußerte gegenüber Bayern auch keine Einwände gegen die von Napoleon verliehene Königskrone. Mit diesem Vertrag von Ried war ein Muster geschaffen, nach dem in der Folge die meisten anderen Rheinbundstaaten behandelt wurden. Auch wenn sie Napoleon bis zuletzt die Treue hielten, wurde die Legitimität der Fürsten nicht in Frage gestellt.

Im Vertrag von Kalisch vom 28. Februar 1813 zwischen Russland und Preußen, hatten diese den Rheinbund für aufgelöst

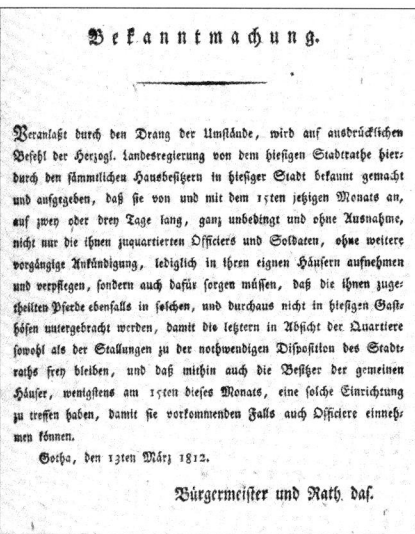

Flugblatt zur Bekanntmachung von Einquartierungen französischer Soldaten im Gothaer Land, 13. März 1812

erklärt. Zu dieser Zeit wagte aber keiner der thüringischen Staaten einen offenen Bruch mit Napoleon. Vom Frühjahr bis Herbst 1813 war Thüringen wieder – wie bereits im Jahre 1806 – Aufmarsch-, Durchmarsch- und Operationsgebiet beider Kriegsgegner. Solange das Geschehen von Napoleon Bonaparte beherrscht wurde, verharrten die thüringischen Staaten im Rheinbund. Die politische Aufmerksamkeit Napoleons galt dabei in Thüringen vor allem dem Herzogtum Sachsen-Weimar-Eisenach. Herzog Carl August machte sich Hoffnungen auf eine Rangerhöhung, auf Gebietserweiterungen sowie auf die Oberhoheit über die anderen ernestinischen Herzogtümer. Vor allem seit dem Waffenstillstand vom 2. Juni 1813 meinte man in einigen thüringischen Territorialstaaten, dass es bald zum Frieden kommen würde und somit eine friedliche Regelung mit Napoleon möglich sei. Als der Waffenstillstand am 10. August 1813 zu Ende ging, war die Situation seitens der thüringischen Staaten unverändert. Sie standen noch immer auf der Seite Napoleons als verbündete Rheinbundstaaten. Diese Situation blieb faktisch bis zur Schlacht bei Leipzig unverändert. Am 21. Oktober 1813 erfuhr man in Weimar das Ergebnis der Völkerschlacht. Sowohl Zar Alexander I. von Russland als auch der österreichische Kaiser Franz trafen danach in Weimar ein. Erst jetzt wurde es wirklich zwingend, politisch neu Farbe zu bekennen. Es begannen Verhandlungen über den Beitritt zur antinapoleonischen Koalition, sowohl seitens Sachsen-Weimars als auch seitens weiterer thüringischer Staaten.

Nach der Schlacht bei Leipzig war der Krieg durch den Rückzug Napoleons rasch über Thüringen hinweggegangen. Alle Territorialstaaten hatten Kontakt zur antinapoleonischen Koalition aufgenommen. Doch staatsrechtlich waren alle thüringischen Staaten noch immer Verbündete Napoleons. Die antinapoleonische Koalition hatte vereinbart, dass man mit den gegnerischen Staaten unterschiedlich umgehen wolle. Ein differenziertes Vorgehen sah die „Zentralverwaltung der Alliierten" vor, die man für das besetzte Gebiet geschaffen hatte, auch wenn man den Zuständigkeitsbereich zunächst sehr pauschal definier-

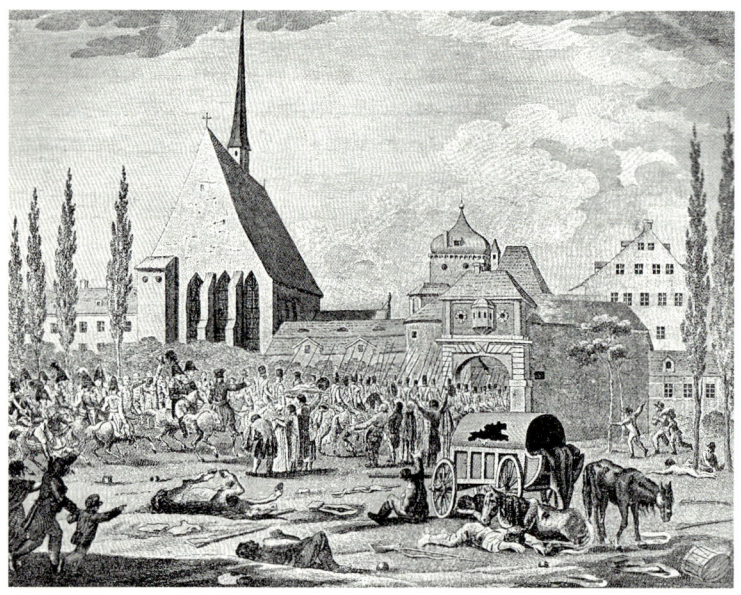

Einzug der Alliierten in Leipzig am 19. Oktober 1813 – Stich von Geißler

te. Denn hierzu zählte ihr oberster Leiter, Freiherr vom und zum Stein, neben dem Königreich Sachsen auch die ernestinischen Herzogtümer sowie die Gebiete der Schwarzburger und die der Reußen. Das Vorgehen Steins lief auf eine Verschmelzung der thüringischen Staatenwelt mit dem Generalgouvernement Sachsen hinaus. Ausgangspunkt hierfür war eine politische Linie, die Stein in einer Denkschrift vom 30. Oktober 1813 nochmals fixiert hatte: Danach sollte gegen alle Rheinbundstaaten, die noch nicht zu den Verbündeten übergetreten waren, nach dem Eroberungsrecht verfahren werden. Dies hätte bedeutet, dass die thüringischen Fürsten von ihrer Regierungsgewalt suspendiert und ihnen der Aufenthalt in ihren Ländern untersagt worden wäre.

Die thüringischen Staaten taten alles, um diesem Schicksal zu entgehen. Doch erst Anfang November 1813 kam es durch Bevollmächtigte der einzelnen thüringischen Länder zu ernsthaften Verhandlungen mit der Koalition. Schwarzburg-Rudolstadt und Schwarzburg-Sondershausen beantragten am 5. und 6. November 1813 bei Stein ihre Aufnahme in das Bündnis. Die Reußen hatten unmittelbar nach der Eingliederung in das Generalgouvernement Sachsen ihren Eintritt in die Allianz angeboten. Doch ähnlich wie den thüringischen Staaten 1806/1807 die Bedingungen für ihren Beitritt zum Rheinbund faktisch von Napoleon diktiert worden waren, wurden die Bestimmungen zum Zusammengehen mit der Allianz gegen Napoleon jetzt von den darin tonangebenden Politikern gemacht, nicht von den thüringischen Fürsten.

Die diplomatischen Bestrebungen der thüringischen Staaten zur Lösung von Napoleon Bonaparte wurden mit den Akzessionsverträgen von Frankfurt verbindlich gemacht. Die ernestinischen Herzogtümer und die Schwarzburger kamen mit Vertrag vom 24. November 1813 zum antinapoleonischen Bündnis, die Staaten Reuß am 29. November 1813. Damit wurden den thüringischen Fürsten ihre Souveränität und ihr territorialer Besitzstand garantiert. Eine Ausnahme war nur Sachsen-Weimar-Eisenach, das die Bedingungen nicht akzeptieren wollte, de facto aber den gleichen politischen Weg ging. Unmittelbar nach den Akzessionsverträgen von Frankfurt am Main wurden die thüringischen Staaten aus dem Generalgouvernement Sachsen wieder ausgegliedert. Zwischen Dezember 1813 und dem 1. Februar 1814 ging in allen thüringischen Staaten die Verwaltung wieder in die Hände der dort angestammten Fürsten über. Damit gehörte die Rheinbundzeit in Thüringen, die sich im Gedächtnis der Menschen als „Napoleon-Zeit" festsetzte, endgültig der Geschichte an.

Mit den Frankfurter Bündnissen wechselte die thüringische Politik zwar die Richtung, blieb ihrem Grundsatz aber treu: Wieder wurde ein Schutzverhältnis hergestellt, erneut schloss man sich den Mächtigen an. Wenn man jetzt in Thüringen frohlockte, dass das Vaterland gerettet sei, so bedeutete dies, dass man den Bestand der thüringischen Einzelstaaten bewahrt hatte. Dabei waren für den Beitritt zum Bündnis gegen Napoleon Bonaparte sowohl finanzielle Leistungen als auch Truppenkontingente vorgesehen. Mit entsprechenden Aufrufen wurden im Frühjahr 1814 sehr rasch neue militärische Verbände aufgestellt, zum großen Teil durch Freiwillige. Der Feldzug im Frühjahr 1814 bis hin zum ersten Pariser Frieden forderte wiederum eine Reihe von Opfern in den thüringischen Staaten, diesmal allerdings im Kampf gegen Napoleon. Die thüringischen Staaten hatten die Front gewechselt und sich der Partei der Sieger über Napoleon angeschlossen. Damit sicherten sie sich den Anspruch auf staatliche Fortexistenz. Auf dem Wiener Kongress, der im Oktober 1814 zu tagen begann und sowohl die europäische Friedensordnung als auch die neue Gestalt Deutschlands zu fixieren hatte, nahmen auch die Repräsentanten der thüringischen Staaten teil. Nach langwierigen Verhandlungen ist ihnen die Existenzsicherung gelungen. Die Deutsche Bundesakte vom 8. Juni 1815 sah den Erhalt aller thüringischen Staaten vor.

8. Der Erfurter Fürstenkongress

„Der wichtige Zeitpunct, von dem man seit mehreren Monaten, doch nur wie von einem unzuverbürgenden Gerüchte sprach, daß nämlich die zwei mächtigsten Kaiser der Erde, Alexander und Napoleon, sich von neuem als freundliche Gestirne begegnen und Beschlüsse über das ferne Schicksal Europas fassen würden, ist jetzt gekommen; die Wahl als Ort der Zusammenkunft fiel sehr passend auf Erfurt, welche Stadt wegen der Nähe des befreundeten Hofes von Weimar, so wie durch ihre Größe und Menge ansehnlicher Gebäude im Mittelpuncte von Teutschland allen besuchenden Monarchen und Fürsten am bequemsten lag."[196]

Mit diesen Worten begann Karl Bertuch seine Berichterstattung über den Erfurter Fürstenkongress, die er von Oktober 1808 an in einer Folge von sieben Briefen im viel gelesenen „Journal des Luxus und der Moden" veröffentlichte. Das Journal erschien im Verlag seines Vaters Friedrich Justin Bertuch in Weimar, fand aber weit über die Grenzen Thüringens hinaus Verbreitung. Napoleon Bonaparte war am 27. September 1808 in die thüringische Stadt gekommen, wo er sich mit dem russischen Zaren traf und zahlreiche Fürsten und Diplomaten des Rheinbundes um sich versammelte. Unter ihnen befanden sich Vertreter aller thüringischen Staaten. Aus Weimar weilten Herzog Carl August und Erbprinz Bernhard am Konferenzort. Aus Gotha waren Herzog August und aus Coburg Prinz Leopold angereist. Herzogin Luise Eleonore von Meiningen nahm während der Konferenztage lediglich an den Festlichkeiten in Weimar teil, während Herzogin Charlotte von Hildburghausen, Fürstin Karoline und Prinz Karl von Rudolstadt sowie die regierenden

Fürsten von Reuß-Greiz, Reuß-Schleiz, Reuß-Ebersdorf und Reuß-Lobenstein ebenfalls nach Erfurt gekommen waren. Gleiches gilt für den Erbprinzen von Schleiz. Neben den Fürsten gaben auch thüringische Politiker und Diplomaten dem Kaiser der Franzosen die Ehre. Unter ihnen befanden sich Adolf von Weise aus Sondershausen, Friedrich Müller und August von Einsiedel aus Weimar, die Gothaer Räte von Thümmel, von Studnitz, von Ziegesar, von Herda, von Wangenheim und von Hoff sowie Friedrich Wilhelm von Ketelhodt aus Rudolstadt.[197] Allerdings gaben die Regenten der thüringischen Staaten und ihre Begleiter nicht mehr als eine glänzende Kulisse für Napoleon Bonaparte ab, der mit Zar Alexander I. über die künftigen französisch-russischen Beziehungen verhandelte. Dies gilt ebenfalls für die Regenten größerer Staaten wie die Könige von Bayern, Baden und Württemberg. Sie alle waren letztlich nichts als Staffage.

Das Erfurter Treffen war mit großem Aufwand vorbereitet worden.[198] Man hatte Gebäude renoviert, Straßen ausgebessert und verschiedene Ausschmückungen angebracht. Selbst Triumph-

„Congreß zu Erfurt im September 1808"

110

bögen sollten an den Grenzen des Landes und an den Toren der Stadt errichtet werden, was auf Anweisung Napoleons dann jedoch unterblieb.[199] Als Residenz für Napoleon Bonaparte wurde das Palais der ehemaligen kurmainzischen Statthalter ausgewählt. Zum Tagungsgebäude bestimmte man das Ballhaus der Universität, das seither den Namen „Kaisersaal" trägt. Beide Häuser wurden dem hohen Zweck entsprechend festlich hergerichtet, ähnlich wie das Haus des Fabrikanten Johann Friedrich Wilhelm Triebel, wo Zar Alexander I. mit seinem Gefolge Quartier nahm. Noch am 27. September begegneten sich die beiden Hauptdarsteller. Nachdem Napoleon gegen zehn Uhr in Erfurt angekommen war und eine kurze Ruhepause eingelegt hatte, ritt er dem Zaren in Richtung Weimar entgegen. Bei Linderbach trafen sich die beiden Herrscher und umarmten sich zur Begrüßung freundschaftlich. Auf bereitgehaltenen Pferden zogen sie dann gemeinsam in Erfurt ein. Die folgenden Tage bis zum 14. Oktober waren für Erfurt eine glanzvolle Zeit. Die Schar der Regenten und Minister, Militärs und Höflinge sowie die zugehörige Dienerschaft sorgten dafür, dass sich die Einwohnerzahl verdoppelte.

Unter den Geistesgrößen, die ebenfalls in Erfurt weilten, ragen Johann Wolfgang von Goethe und Christoph Martin Wieland heraus. Während Wieland am 9. Oktober zu einem Morgenempfang bei Napoleon geladen worden war, wurde Goethe bereits am 29. September von Herzog Carl August nach Erfurt gerufen. Am 1. Oktober nahm er am „Lever", am Morgenempfang des Kaisers teil. Am 2. Oktober kam es zur viel beschriebenen persönlichen Begegnung mit Napoleon,[200] die nach Goethes Bericht aus dem Jahre 1824 folgendermaßen verlief: „Ein dicker Kammerherr, Pole, kündigte mir an zu verweilen. Die Menge entfernte sich. Präsentation an Savary und Talleyrand. Ich werde hereingerufen. In demselben Augenblick meldet sich Daru, welcher sogleich eingelassen wird. Ich zaudere deshalb. Werde nochmals gerufen. Trete ein. Der Kaiser sitzt an einem großen runden Tische frühstückend; zu seiner Rechten steht etwas entfernt vom Tische Talleyrand, zu seiner Linken ziemlich nah Daru, mit dem er sich über die Kontributionsangelegenheiten unterhält. Der Kaiser winkt mir, heranzukommen. Ich bleibe in

Wieland und Napoleon – Kupferstich von Schnorr, 1808

schicklicher Entfernung vor ihm stehen. Nachdem er mich aufmerksam angeblickt, sagte er: ‚Vous êtes un homme.' Ich verbeuge mich."

Danach sprach Napoleon mit Goethe vor allem über literarische Angelegenheiten, etwa über Voltaires „Mahomet" und über „Die Leiden des jungen Werther". Goethes Aussage zufolge zeigte sich der Kaiser der Franzosen als sehr kundig in diesen Dingen. Schließlich kam er auf die so genannten Schicksalsdramen zu sprechen. Napoleon kritisierte diese Dramen, da sie einer anderen, dunkleren Zeit angehört hätten. „‚Was', sagte er, ‚will man jetzt mit dem Schicksal, die Politik ist das Schicksal.'"[201]

Selbstverständlich ging es Napoleon Bonaparte auch in Erfurt um die Politik.[202] Welche politischen und diplomatischen Ziele er mit seinem Arrangement konkret verband, war für viele Teilnehmer und Beobachter aber keineswegs eine leicht zu beantwortende Frage. Denn das, was als „Kongress" bezeichnet wurde, stellte vor allem eine Reihe von Empfängen und Besuchen, Bällen und Theateraufführungen, Ausflügen und Paraden dar. Napoleon selbst hielt täglich ab neun Uhr einen Morgenempfang, bei dem – wie am Beispiel Goethes und Wielands gezeigt – verschiedene Besucher die Möglichkeit für kurze Gespräche fanden. Zwischen zwölf und 13 Uhr nahm der Kaiser ein Gabelfrühstück ein, und gegen 18 Uhr fand im großen Saal von Napoleons Residenz das Abendessen statt. Allabendlich wurde danach im Ballhaus der Universität eine Theatervorstellung gegeben, wozu der Kaiser die besten französischen Schauspieler nach Erfurt kommen ließ, unter ihnen der berühmte Mime François-Joseph Talma. Zu politischen Gesprächen, insbesondere zwischen Napoleon und Alexander I., kam es in der Regel erst nach dem Schauspiel.

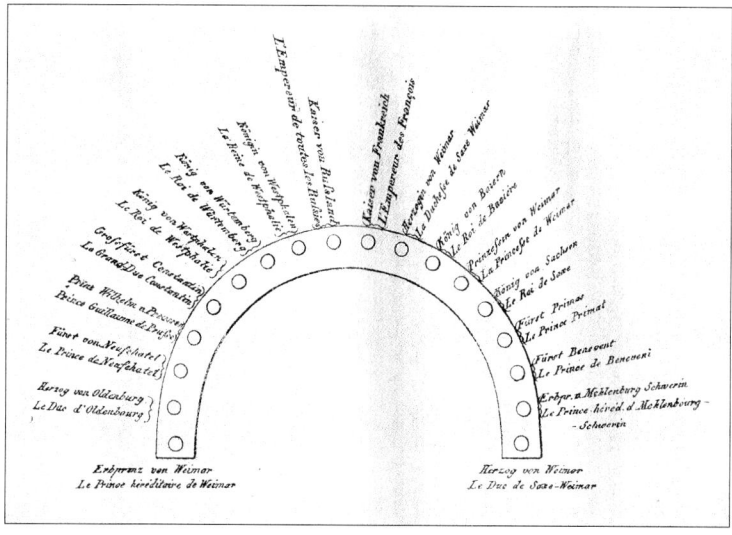

Skizze der Fürstentafel des Erfurter Kongresses 1808

Nach außen hin demonstrierten der Kaiser der Franzosen und der russische Zar ein herzliches Einvernehmen. Auch an pathetischen Gesten ließen sie es nicht fehlen. Als etwa bei der Aufführung von Voltaires „Oedipe" der Satz „Die Freundschaft eines großen Mannes ist eine Wohltat der Götter!" gesprochen wurde, erhob sich Alexander I., reichte Napoleon die Hand und umarmte ihn unter dem Beifall der anwesenden Fürsten. Hinter den Kulissen jedoch wurde hart verhandelt. Obwohl sich Napoleon Bonaparte 1808 auf dem Höhepunkt seiner Macht befand und 1805 in Austerlitz, 1806 bei Jena und 1807 in Friedland große Schlachten gewonnen hatte, deuteten sich inzwischen politische Probleme an, die nicht allein mit den bewährten militärischen Mitteln zu bewältigen waren. Die Kontinentalsperre gegen England, gedacht als eine Art wirtschaftlicher Kriegsführung, funktionierte keineswegs so reibungslos wie erhofft. In Spanien hatte unter der Führung von Adel und Geistlichkeit ein großer Volksaufstand begonnen, nachdem Napoleon den spanischen Thron für vakant erklärt und am 10. Juli 1808 mit seinem Bruder Joseph besetzt hatte. Andernorts, etwa in Preußen, regte sich Unzufriedenheit. Eine Verbindung mit Russland und eine Abstimmung der Einflusssphären konnten die Situation durchaus stabilisieren.

Am 12. Oktober 1808 einigten sich Napoleon Bonaparte und Alexander I. darauf, dass Russland Finnland und die Donaufürstentümer Moldau und Walachei in Besitz nehmen sollte. Napoleon akzeptierte Alexanders Forderung, die französischen Truppen aus dem Großherzogtum Warschau abzuziehen. Dafür bekam Napoleon freie Hand in Spanien, ohne gleichzeitig neue militärische Herausforderungen im Osten Europas befürchten zu müssen. Außerdem bekannte sich der Zar erneut zum Bündnis mit Frankreich und sagte den Franzosen im Falle eines Krieges mit Österreich Waffenhilfe zu. Da Alexander aber dem österreichischen Kaiser Franz I. insgeheim versicherte, von russischer Seite im Falle eines Krieges nichts befürchten zu müssen, wurde das Ziel Napoleons nach einer russischen Rückendeckung bei einem Konflikt mit Österreich letztlich verfehlt.

Versucht man ein Resümee des Erfurter Fürstenkongresses im Hinblick auf seine Bedeutung für die thüringischen Staaten zu ziehen, fällt die Bilanz noch dürftiger aus. Ganz offensichtlich dienten die ernestinischen, schwarzburgischen und reußischen Fürsten dem Kaiser der Franzosen lediglich als Ausstattung und Resonanzraum einer glänzenden Demonstration seiner Macht. Entgegen mancher Beteuerung in älteren Darstellungen hat sich dabei auch Herzog Carl August von Sachsen-Weimar-Eisenach an den Ehrenbekundungen für Napoleon Bonaparte beteiligt. Außerdem wurde der Kaiser um die Übernahme einer Patenschaft für die Prinzessin Marie gebeten. Und mehr noch: Der Weimarer Herzog fungierte am 7. Oktober 1808 sogar als Gastgeber für ein großes Fest, bei dem er gemeinsam mit seinem ehemaligen Kriegsgegner Napoleon Bonaparte und dessen Begleitung der Kämpfe von 1806 gedachte. Innerhalb der Regierung von Sachsen-Weimar-Eisenach war es übrigens Johann Wolfgang von Goethe, der die politische Verantwortung für das Arrangement zum Empfang Napoleons und der anderen Kongressgäste auf dem Windknollen bei Jena trug. Dass Goethe dann am Geschehen des 7. Oktobers selbst nicht teilnahm, ändert an dieser Tatsache nichts.[203] Jedenfalls war es keineswegs Napoleon Bonaparte selbst, der „das rohe Siegesfest auf dem Jenaer Schlachtfest" veranstaltete,[204] wie ein Jahrhundert später behauptet wurde.

Als Napoleon Bonaparte und seine Begleitung am Vormittag des 7. Oktobers bei herrlichem Herbstwetter „auf dem höchsten Punct des Landgrafen- oder Napoleon-Berges, der Windknollen genannt",[205] bei Jena ankamen,[206] fanden sie einen belebten Festplatz vor.[207] An jener Stelle einige Meter unterhalb des Gipfels, wo Napoleon zwei Jahre zuvor in der Nacht vom 13. zum 14. Oktober 1806 biwakiert hatte, waren Zelte aufgebaut und ein opulentes Frühstück bereitet. In der Mitte brannte ein großes Biwakfeuer. Aus gebührender Entfernung waren die „Vivat"-Rufe einer begeisterten Menschenmenge zu vernehmen. Trotz der in den Tagen der Schlacht erlittenen Drangsale befanden sich die vielen Jenaer, die auf den Berg gestiegen waren, in guter Stimmung. 600 Jenaer Bürger umringten den durch eine Absperrung gekennzeichneten Festplatz und hielten gemeinsam mit 40 berittenen Füsilieren die Ordnung aufrecht. Außerdem wachten Soldaten der kaiserlichen Garde und Weimarer Scharfschützen über die Sicherheit der hohen Gäste. Auf dem höchsten Punkt des Plateaus hatte man einen kleinen Tempel errichtet, vor dem auf zwei Altären einschlägiges Kartenmaterial auslag. Am Tempel prangte in weithin sichtbaren, goldenen Lettern ein lateinisches Chronodistichon als Festmotto,[208] das vom Jenaer Professor der Poesie und Beredsamkeit Carl Heinrich Abraham Eichstädt verfasst worden war. Die deutsche Übertragung lautet sinngemäß:

Die Götter der Welt hat jetzt das alte Thüringen vereint
siehe, neue Liebe wird einen die erstaunten Völker.

Wie auf einem zeitgenössischen Stich zu erkennen ist,[209] nahmen die Festgäste zunächst vor dem Tempel Aufstellung. Dort erläuterte Napoleon dem Zaren anhand einer von Carl August präsentierten Karte das Schlachtgeschehen vom 14. Oktober 1806. Danach nahmen die Monarchen das Frühstück ein, um anschließend Abordnungen der Jenaer Universität und des Jenaer Stadtrates zu empfangen. Napoleon bewilligte bei dieser Gelegenheit der Universität einen ansehnlichen Grundbesitz, aus der sie Zinserträge erzielen konnte, und verfügte außerdem die Anweisung einer Entschädigungssumme von 300.000 Francs für die Stadt Jena. Diese sollte zum Wiederaufbau der bei der Plünderung am 13. Oktober 1806 abgebrannten Häuser, zur

Ehrentempel auf dem Windknollen bei Jena – Radierung von Geißler, 1808

Erstattung der Kosten des französischen Lazaretts und der geleisteten Vorspanndienste, zur Reparatur der Stadtkirche und für die Versorgung der Hinterbliebenen jener Jenaer Einwohner verwendet werden, die bei der Besetzung der Stadt ums Leben gekommen waren.[210] Danach setzten sich die Monarchen aufs Pferd und besichtigten verschiedene Punkte des Schlachtfeldes zwischen Krippendorf und Vierzehnheiligen. Napoleon gab seinen Gästen Erläuterungen zu Details des Schlachtverlaufs. Der Nachmittag war einer Hasenjagd vorbehalten, die etwa drei Kilometer nordwestlich des Schlachtfeldes abgehalten wurde.[211] Nach der Jagd fuhren Napoleon Bonaparte und Alexander I. samt Gefolge wieder nach Erfurt, um ihre Verhandlungen fortzusetzen.

Karl Bertuch, der im „Journal des Luxus und der Moden" mehrfach über den Erfurter Kongress berichtet hatte, beendete seine Artikelserie mit dem Wunsch, dass „die Zusammenkunft der Kaiser in Erfurt für unser armes erschöpftes Vaterland von heilbringenden Folgen seyn"[212] möge. Karl von Stein hingegen, ebenfalls aus Weimar stammend, hat als aufmerksamer Beobachter des Geschehens bereits am 13. Oktober 1808 ein gleichermaßen kritisches wie ironisches Resümee gezogen, mit dem er zweifellos nicht allein stand: „Das Lustigste bei dem Erfurter Aufenthalt, wenigstens die acht Tage, die ich da war, war, dass niemand wusste, was mit der Zusammenkunft aller dieser hohen Häupter gemeint sei. Ich glaube, sie wussten es selbst nicht, den einzigen ausgenommen, der sie versammelt hatte."[213]

Dieser Einzige war natürlich kein anderer als Napoleon Bonaparte, Kaiser der Franzosen und Protektor des Rheinbundes. Doch immerhin: Im Herbst des Jahres 1808 erstrahlte die größte Stadt Thüringens im Glanz des Grand Empire. Der mächtigste Mann seiner Zeit machte Erfurt für einige Tage gleichsam zum Mittelpunkt der Welt.

9. „Erhabener Protector" oder „blutdürstiger Tyrann"? Die zeitgenössische Wahrnehmung Napoleons in Thüringen

9.1. „Ein aufsteigender Meteor": Napoleon-Bilder vor 1806

In seinen „Denkwürdigkeiten des eignen Lebens" schreibt der preußische Diplomat und Schriftsteller Karl August Varnhagen von Ense, dass er in seinen Jugendjahren „zuerst und auffallend den Namen des Generals Bonaparte nennen hörte, dessen Siegesbahn eben erst begonnen hatte und im Laufe des Sommers 1796 zu den unerhörtesten Erfolgen sich ausdehnte. Seine Erscheinung war ein aufsteigender Meteor, dessen wachsender Glanz immer ausschließender die Blicke fesselte. Wie bewunderte man den jungen Helden, wie begeistert wünschte man ihm Heil, da er es war, der zuerst der Freiheit, der Republik, in Europa den entschiedenen Ausschlag gab!"[214]

Seit etwa 1796 also beschäftigte man sich im Heiligen Römischen Reich deutscher Nation mit dem französischen General, der schon rasch als Mann der Zukunft galt. In den zeitgenössischen Veröffentlichungen noch „Buonaparte" geschrieben, sollte sich das Bild als „aufsteigender Meteor" allerdings nicht als eine konstante Zuschreibung erweisen. Zunächst aber nahm man ihn mehrheitlich positiv zur Kenntnis. Alsbald konnte man sich auch genauer über seine Person informieren. In einer Lebensbeschreibung aus dem fünften Jahr der Republik wurde Napoleon als ein Mann porträtiert, der keine Gelegenheit ausließ, „dem Feinde Abbruch zu tun und für den Vorteil der Französischen Republik zu sorgen".[215] In der Folge nahm das Interesse an Napoleon stetig zu. Wenige Wochen nach der Rückkehr aus Ägypten war er 1799 durch den Staatsstreich des 18. Brumaire endgültig in den Mittelpunkt des öffentlichen Interesses gerückt. Napoleon war jetzt Erster Konsul und übernahm die Führung der Regierungsgeschäfte. Spätestens von diesem Tag an began-

„Der 18. Brumaire" – Lithographie, um 1850

nen sich aber auch in Deutschland die Geister im Urteil über den
Korsen zu scheiden. Es gab enthusiastische Verehrung und har-
sche Kritik. Bereits frühzeitig zeigte sich auch hasserfüllte
Feindschaft, die sich in drastischen Worten ausdrückte. Die Pa-
lette der Urteile über Napoleon reichte von „Feuergenie des
Jahrhunderts" bis zu „blutdürstiger Tyrann".

Zunächst war es die Übernahme der politischen Macht durch
Napoleon selbst, die breite Aufmerksamkeit fand. Gleichzeitig
aber begann man auch darüber zu rätseln, wie es nunmehr um
das Schicksal der Französischen Revolution und um das Schicksal von Frankreich generell bestellt sei. So wurde dem Ersten
Konsul Napoleon Bonaparte von den einen Verrat an den revolutionären Idealen vorgeworfen, während andere meinten, dass
in Frankreich jetzt endgültig mit „Ruhe und Ordnung" sowie mit
einer friedlichen Entwicklung zu rechnen sei. Die Flut des
Schrifttums, das sich in Deutschland zum Thema Napoleon er-
goss, war beträchtlich und von unterschiedlicher politischer

Couleur. In dem Maße, in dem durch die französische Außenpolitik auch deutsche Interessen tangiert wurden, spielte außerdem die nationale Problematik eine Rolle. Dabei gab es neben Schmeichelei und offenkundiger Kollaboration auch schroffe Ablehnung.

In Thüringen hatte die Berichterstattung über Napoleon Bonaparte ebenfalls in den neunziger Jahren des 18. Jahrhunderts begonnen. Christoph Gottlieb Steinbecks „Aufrichtig-Deutsche Volks-Zeitung" erwähnte den sieggewohnten General erstmals am 4. Juli 1797.[216] Im November des gleichen Jahres lieferte das Blatt „Einige Züge zur Lebensbeschreibung des Feldherrn Buonaparte". „Es haben sich seit einiger Zeit so viele unvollkommene Berichte von dem General Buonaparte in der Welt umhergetragen, daß etwas Zuverlässiges von dem Leben und Karackter dieses Helden, unsern Lesern gewiß willkommen seyn wird",[217] meinte Steinbeck. Wenig später veröffentlichte der Hofbibliothekar Heinrich August Ottokar Reichard in seinem in Gotha redigierten antirevolutionären „Revolutions-Almanach" erstmals in Deutschland ein Porträt von Napoleon Bonaparte.[218]

Das erste Napoleon-Porträt in der deutschen Publizistik;
veröffentlicht im „Revolutions-Almanach" im Jahr 1798

121

In der Folge nahmen die Informationen und Berichte über Napoleon Bonaparte stetig zu. Der Staatsstreich des 18. Brumaire wurde als ein politisches Ereignis wahrgenommen, bei welchem dem erfolgreichen General Bonaparte die zentrale Rolle zukam. In Thüringen berichtete zuerst die „Privilegierte Gothaische Zeitung" darüber. Das Blatt brachte in vier aufeinander folgenden Ausgaben präzise Artikel, beginnend mit der Tagung des „Rats der Alten" am 9. November 1799 und dem Auftritt Napoleons.[219] In dem Gothaer Blatt wurden die politischen Ereignisse gemeldet und authentische Quellen veröffentlicht, unter anderem das Dekret des „Rats der Alten" an das französische Volk. Allerdings wurde das Geschehen noch kaum kommentiert.[220] Die objektive und ausgesprochen informative Berichterstattung erlaubte es dem Leser, sich 1799 selbst ein Bild von den politischen Vorgängen in Frankreich und von dem Politiker Napoleon Bonaparte zu machen.

Recht ausführlich und zudem sehr aussagekräftig fielen auch die Meldungen in einigen Intelligenzblättern aus. Dies gilt etwa für jenes in Hildburghausen, in dem das Geschehen vom 18. Brumaire kommentarlos geschildert und von der Einsetzung der drei Konsuln Napoleon Bonaparte, Pierre Roger Ducos und Emmanuel-Joseph Sieyès berichtet wurde.[221] Auch die Leser der „Jenaischen Wöchentlichen Anzeigen" wurden gut informiert, mit umfänglichen Zitaten aus dem Dekret des „Rats der Alten", aber ebenfalls ohne redaktionellen Kommentar.[222] Das „Neue Mühlhäusische Wochenblatt" brachte die Nachricht nur knapp und gleichsam ohne Gewähr. „In Paris soll, nach öffentlichen Blättern, wieder eine Veränderung vorgegangen seyn. [...] Auch sollen nach diesen Nachrichten einige Direktoren ihre Stelle niedergelegt haben, [...] und Buonaparte soll den Oberbefehl über alle Pariser Truppen und die Sorge für Sicherstellung der Regierung erhalten haben."[223]

Auch in der „National-Zeitung der Teutschen", die Rudolph Zacharias Becker in Gotha herausgab, wurde der Staatsstreich von 1799 geschildert. Im Eingangskommentar verwies das Blatt auch darauf, dass „folgende große Ereignisse in Paris, deren Seele Bonaparte und Sieyès zu seyn scheinen [...] von der größten Wichtigkeit sind".[224] Die „Aufrichtig-Deutsche Volks-

Zeitung" ging in ihrer Einschätzung der Vorgänge in Paris sogar noch einen Schritt weiter: „Die neueste und wichtigste Nachricht aus Paris ist die: daß Bonaparte, wie es scheint zum Diktator von Frankreich erklärt und das Direktorium aufgehoben worden ist."[225] Und die „Weimarischen Wöchentlichen Frag- und Anzeigen" schließlich erfassten ebenfalls die weit reichende historische Dimension der politischen Vorgänge in der französischen Metropole. Sie schrieben: „In Frankreich hat sich in diesen Tagen abermals eine große Veränderung ereignet, welche für ganz Europa, wenigstens auf einige Jahre, von guten Folgen sein kann."[226] Im Bericht wurden sowohl die Namen der drei Konsuln genannt als auch die besondere Rolle Bonapartes erwähnt.

Seit 1799 schwoll der Nachrichtenstrom über Napoleon Bonaparte und sein politisches Wirken in Thüringen also beträchtlich an. In zunehmendem Maße bot sich dabei die Gelegenheit, direkt oder indirekt auch über weiterführende Fragen zu reflektieren. In Gotha äußerte sich der konservative Publizist Heinrich August Ottokar Reichard in einer kaum zu erwartenden Weise. Für ihn gehörte Bonaparte „unter die außerordentlichen Männer nicht bloß der Revolution, deren Häupter er alle verdunkelt hat, sondern seines ganzen Zeitalters".[227] Mit Blick auf den Ägyptenfeldzug Napoleons schrieb Reichard, der als Bibliothekar des Herzogs Ernst II. von Sachsen-Gotha-Altenburg tätig war: „Welch ein großer weitumfassender Gedanke war also der Plan auf Egypten! Ein solcher Gedanke hatte nie in einem gemeinen Kopfe Platz gefunden [...]. Schon sein Entwurf und seine Ausführung stempeln also Bonaparte zum außerordentlichen Mann."[228]

Auch in der Folge blieb Napoleon Bonaparte für die Medien eine Person, der man große Aufmerksamkeit entgegenbrachte. Zu den ersten Napoleon-Biographien, die auf dem deutschen Buchmarkt erschienen, zählt eine Arbeit aus der Feder des Redakteurs der „Neuen privilgirten Geraischen Zeitung" Johann Daniel Ernst Bornschein aus dem Jahre 1802.[229] Bornschein legte wenig später auch eine „Geschichte der französischen Republik"[230] und ein „Historisches Gemälde des Französischen Kaiserthums unter seinem Gründer Napoleon dem Großen"[231] vor. Das Napoleon-Bild, das Bornschein verbreitete, war außerordentlich positiv. Allmählich erfuhr der Erste Konsul der Franzosen aber auch deutliche Kritik. Schärfere Stimmen erhoben sich vor allem in den Jahren 1803/04 in Gestalt verschiedener antinapoleonischer Pamphlete. Zu ihnen zählte unter anderem die anonym erschienene Schrift „Napoleon Bonaparte und das französische Volk unter seinem Consulate",[232] die unmittelbar nach Erscheinen von Johann Wolfgang von Goethe rezensiert wurde.[233] Trotz einer deutlichen antinapoleonischen Tendenz fehlen dem sachlich-nüchtern argumentierenden Werk, das dem in Paris lebenden Gustav von Schlabrendorf zugeschrieben wird, aber noch die aufgeheizten Hasstiraden gegen die Person des Ersten Konsuls und späteren Kaisers, wie man sie wenig später bei Ernst Moritz Arndt und Friedrich Ludwig Jahn findet.

Das Journal „London und Paris", das seit 1798 in Weimar herauskam,[234] verbreitete 1805 die Karikatur „The Plumb-pudding in danger".[235] Der deutsche Titel lautet: „Der Plumpudding in

„Der Pudding in Gefahr (The plumb-pudding in Danger)" – Napoleon und der britische Minister Pitt verzehren gemeinsam einen Plumpudding in Gestalt des Erdballs; in: London und Paris, 1804.

Gefahr, oder: Staatliche Genießer nehmen ein kleines Mahl ein". Das Blatt stammt von dem englischen Graphiker James Gillray, dem „ersten Großmeister der politischen Karikatur".[236] Sie zeigt den wenig schmeichelhaft dargestellten Napoleon auf der Rechten und den englischen Premierminister William Pitt auf der Linken. Die beiden großen Gegenspieler erfreuen sich an einem Pudding in Gestalt der Weltkugel. Napoleon schneidet sich mit dem Säbel Europa heraus, allerdings ohne Skandinavien und Russland. Pitt nimmt sich das Meer mit Westindien. Die Gabel von Napoleon steckt in dem eben annektierten Hannover. Die Gesichtszüge des Kaisers der Franzosen sind voller Gier. Die Welt wird aufgeteilt und verspeist, beide Herren scheinen unersättlich.

Der Herausgeber von „London und Paris", Friedrich Justin Bertuch, setzte in seinen Periodika bereits in großem Umfang Bilder ein. Die Karikaturen von Gillray, die vom Redakteur des Journals Karl August Böttiger jeweils noch ausführlich kommentiert wurden,[237] sind nur eines von mehreren Beispielen.[238] Im Journal „London und Paris" hatte die politische Berichterstattung seit dem Staatsstreich von Napoleon 1799 deutlich zugenommen.[239] Wiederholt war neben dem innenpolitischen Geschehen in Frankreich auch von den ersten Männern im Staat die Rede.[240] Hierbei war Napoleon Bonaparte ins Zentrum der Nachrichten gerückt. „Sieyès, der fast immer hier lebte und die Lage der Dinge kennt, und Bonaparte's heller Blick und Gewandtheit in den Geschäften, die er schon so oft zeigte, berechtigten allerdings zu nicht gemeinen Erwartungen",[241] meinte man bereits kurz nach Errichtung des Konsulatsystems. Fünf Jahre später, 1804, wurde dann die Kaiserkrönung Bonapartes ausführlich gewürdigt.[242] Das hinderte die Redaktion aber nicht daran, auch die eine ausgesprochen napoleonkritische Karikatur wie jene von James Gillray einzurücken.

Die Berichte und Informationen über Napoleon in Thüringen in den Jahren 1805 und 1806 waren in der Mehrzahl in sachlich-knappem Ton gehalten. Man schrieb von den militärischen Erfolgen Napoleons und von seiner Rolle als Kaiser der Franzosen. Auch große Geister wie Goethe und Hegel zählten zu den Bewunderern Napoleons. Der berühmteste Ausspruch aus dieser

Zeit ist wohl jener des Philosophen Georg Wilhelm Friedrich Hegel, der Napoleon Bonaparte in Jena aus der Ferne sah. Für Hegel war Napoleon Bonaparte der Mann der Gegenwart und Zukunft. Am 13. Oktober 1806, einen Tag vor der großen Schlacht, schrieb Hegel an den Theologen Friedrich Immanuel Niethammer: „Den Kaiser – diese Weltseele – sah ich durch die Stadt zum Rekognoszieren hinausreiten; – es ist in der Tat eine wunderbare Empfindung, ein solches Individuum zu sehen, das hier auf einen Punkt konzentriert, auf einem Pferde sitzend, über die Welt übergreift und sie beherrscht."[243]

Der enthusiastische Ton, den Hegel anschlug, wurde später in einem an ihn gerichteten Brief des Weimarer Majors Carl Ludwig von Knebel sogar noch übertroffen. Knebel schrieb: „Was ich Ihnen hierbei noch, nicht als Zeitungsartikel, melden kann und Sie vielleicht mehr interessieren dürfte, ist, daß sich bei uns der große Napoleon die Herzen aller Menschen und vor-

Schlacht bei Jena - Napoleon vor der Kaisergarde – Lithographie nach Vernet, um 1840

züglich der Verständigsten auf eine Weise gewonnen hat, die ganz unabhängig von seiner Größe und Macht ist und den Mann noch mehr betrifft als den Kaiser. Man hat in seinen Gesichtszügen, nebst einem gewissen Ausdrucke von Melancholie, die nach Aristoteles die Grundlage aller großen Charakters ist, nicht nur die Züge des hohen Geistes, sondern eine wahre Güte des Gemütes bezeichnet gefunden, welche die großen Begebenheiten und Anstrengungen seines Lebens nicht auslöschen konnten. Kurz, man ist enthusiastisch für den großen Mann gesinnt."[244]

9.2. „Der erhabene Protector": Napoleonwahrnehmung in der Rheinbundzeit

Die Berichterstattung über die Doppelschlacht bei Jena und Auerstedt war in der Tendenz sachlich und von Zurückhaltung geprägt.[245] Napoleon Bonaparte selbst findet nur am Rande Erwähnung. Wo dies der Fall war, erfolgte es respektvoll mit positiver Konnotation. Für die Kleinstaatenwelt Thüringens wurde mit der Schlacht bei Jena und Auerstedt die Rheinbundzeit eingeläutet. Noch bevor es jedoch zum Beitritt in den Rheinbund kam, hatte man überall in Thüringen erkannt, dass man in naher Zukunft keine Rechnung mehr ohne Napoleon Bonaparte wird machen können. Das galt für die Fürsten und Politiker ebenso wie für die Publizisten. Ganz in diesem Sinne setzte sich eine ganze Reihe publizistischer Wortmeldungen nach der Schlacht mit Einquartierungen des französischen Militärs auseinander. Die Einquartierungen wurden von der Bevölkerung als eine besondere Belastung empfunden, weil sie die ohnehin schon beträchtliche allgemeine Not noch verstärkten.

Während es vor 1806 und insbesondere in den Jahren nach 1813 viele Beispiele für recht scharfe Auseinandersetzungen mit dem Kaiser der Franzosen gab, blieb man im Herbst 1806 relativ sachlich. Die politischen Entwicklungen ließen eine Konfrontation mit den Franzosen als nicht ratsam erscheinen. Ausdruck der Situation im militärisch besetzten Land war auch die Tatsache, dass man seit Ende Oktober 1806 dazu überging, regelmäßig offizielle Dekrete und militärische Befehle der französischen Armeeführung unkommentiert abzudrucken.[246] Man arrangierte sich mit dem „erhabenen Protector" des Rheinbundes und stellte ihn in hellem Licht dar. Besonders ausgeprägt war dies in Gotha, wo man am 28. Juli 1807 auf dem Titelblatt der „Privilegirten Zeitung" lesen konnte: „Am verwichenen Donnerstage, den 23ten d.M., traf um halb acht Uhr Abends der größte Regent, Held aller Jahrhunderte, Erkämpfer des Friedens, Stifter und Beschützer des Rheinbundes Napoleon Kaiser der Franzosen, König von Italien in der hiesigen Residenz über Erfurt ein."[247]

Seit dem Jahre 1806 konnte man sich in der Gegend um Jena und Auerstedt auch konkrete Vorstellungen von Napoleon Bonaparte machen. Durch Heinrich Anton Dähling und durch Gottfried Arnold Lehmann waren zwei Bildnisse geschaffen worden, die das Aussehen des Kaisers der Franzosen getreu überliefern.[248] Ihre Porträts wurden im Kupferstich vervielfältigt und fanden weite Verbreitung. Nicht selten wurden sie später auch als Vorlage für Karikaturen benutzt. Seit den Oktobertagen 1806

Napoleon-Bildnis – Heinrich Anton Dähling, 1806

Napoleon-Porträt – Gottfried Arnold Lehmann, 1806

„Triumph des Jahres 1813" – Karikatur der Gebrüder Henschel, 1813

sind zudem auch Beschreibungen Napoleons überliefert. Ein Augenzeuge, der den Kaiser der Franzosen nach der Schlacht bei dessen Einzug in Weimar sah, schrieb: „Er war wie gewöhnlich simpel und einfach, ohne Prunk, gekleidet. Ein hellgraubrauner Oberrock mit Zobelpelz verbrämt war sein Anzug, und nur das kleine Hütchen mit der dreifarbigen Kokarde und das blasse, fahle Gesicht nebst der kleinen Korpulenz bezeichneten uns den Monarchen."[249]

Caroline Sartorius, die Napoleon bei Gelegenheit des Erfurter Fürstenkongresses traf, beschrieb den Kaiser der Franzosen 1808 noch etwas ausführlicher. Demnach hatte Napoleon Bonaparte das folgende Aussehen: „Er hat einen ganz besonders zierlichen Fuß und eine schöne Hand. Sonst scheint er mir nicht schön gebaut. Der Rumpf ist im Vergleich zum Unterteil viel zu massiv. Der Kopf steckt in den Schultern, es ist kein rechtes Verhältnis im Ganzen. Einen Bauch hat er jedoch nicht. Die Haare sind schwarz, der Teint ganz italienisch, die Form des Kopfes nicht ohne Grazie. Die Züge sind gerade nicht antik, lassen sich aber doch der Ähnlichkeit unbeschadet bis zur Antike erheben. Die Augen liegen sehr tief, und Blick und Farbe sieht man gar nicht. Das Kinn ist sehr hervorstehend und die Fläche der Backe von der Nase bis zum Ohr so groß, wie ich sie noch bei keinem Menschen gesehen habe. Eben darum hat das Profil, trotz der gebogenen Nase, etwas Glattes. Sein Äußeres imponiert eben nicht, aber es ist Grazie und ein sehr ruhiger Anstand darin, und seine Gesten, mit denen er sehr sparsam ist, sind voller Anmut."[250]

Was die Urteile über die Person Napoleon und über seine politischen und militärischen Leistungen angeht, dominierte im geographischen Umfeld der Schlacht während der Rheinbundzeit zunächst eindeutig eine positive Sicht. Johann Wolfgang von Goethe beispielsweise schrieb nach dem Erfurter Fürstentag an Johann Friedrich Cotta, „daß mir in meinem Leben nichts Höheres und Erfreulicheres begegnen konnte, als vor dem französischen Kaiser und zwar auf eine solche Weise zu stehen".[251] Und zuvor meinte er: „Außerordentliche Menschen, wie Napoleon, treten aus der Moralität heraus. Sie wirken zuletzt wie physische Ursachen, wie Feuer und Wasser."[252]

Der Erfurter Kongress im Herbst 1808, bei dem sich der Kaiser der Franzosen und Protektor des Rheinbundes auf der Höhe seiner Macht befand,[253] war auch der Höhepunkt der positiven Berichte und Beurteilungen über Napoleon Bonaparte in Thüringen. Karl Bertuch schrieb am 28. September 1808 im „Journal des Luxus und der Moden": „Erfurt ist wie durch einen Zauberstab verändert. In den sonst menschenleeren Straßen drängen sich jetzt des Morgens die glänzendsten Equipagen, unter denen sich vorzüglich die grün und goldnen Livreen des französischen Hofes auszeichnen. Ganze Scharen gutgekleideter Fremder aus den verschiedensten Teilen Europas wandern die Breite Straße und den Anger auf und ab, um die Kaiser zu schauen und machen diesen Platz zum Vereinigungspunkt der eleganten Welt. […] Die Ankunft Napoleons war verzögert worden, und ein Kurier meldete Seine Majestät kommenden Montag, den 26. September, an. Mit frühem Morgen begann derselbe Festzug des Militärs, und die ganze Nacht durch biwakierten die Beamten des Landes auf der gothaischen Chaussee bei Gamstädt. Der erste Kanonenschuß verkündigte des Kaisers Nähe gegen 10 Uhr. Alles setzte sich zu dieser seltenen Schau in Bewegung, ununterbrochen rollte der Donner von der Festung und Burghöhe herab, alle Glocken ertönten, und von fern her schallte schon das ‚vive l'empereur' mit dem deutschen Vivat vermischt."[254]

Napoleon Bonaparte wurde auch von der Bevölkerung Erfurts gefeiert. Zudem wurde ihm auch in vielen Korrespondenzen und in den Memoiren von Teilnehmern am Kongress in hohen Tönen gehuldigt. Ignaz Ferdinand Arnold schrieb 1808 in Erfurt: „Selten spricht ein Gesicht mehr Majestät, Würde, Erhabenheit, wahre Seelengröße und tiefdenkende Weisheit so rein aus, als das in allen seinen Zügen ehrfurchtgebietende dieses größten Monarchen seiner Zeit; vielleicht aller Zeiten. […] Es ist schwer, auch für den Unbefangensten, den Blick dieses Mannes zu ertragen – und sein erster Anblick erschüttert."[255]

In der thüringischen Presse hatte sich nach dem Beitritt zum Rheinbund die Tendenz einer sehr positiven Berichterstattung über Napoleon weiter ausgeprägt. In den „Gemeinnützigen Blättern für Freunde des Vaterlandes" beispielsweise, die in dem

zum Königreich Sachsen gehörenden Neustädter Kreis in Ost-
thüringen erschienen, wurde 1807 von „Napoleon dem Mächtigen" gesprochen, „der ausgezogen ist, um der Welt den Frieden zu erkämpfen".[256] Sachsen war ebenfalls dem Rheinbund
beigetreten und zudem von Napoleon zum Königreich erhöht
worden. So verwundert es nicht, dass man hier mit den wichtigsten Stimmen der so genannten Rheinbundpublizistik überein-
stimmte, die die Fortschritte hervorhoben, die das „dritte
Deutschland" dem Wirken seines Protektors verdankte.[257] Die
Modernisierungspolitik in den rheinbündischen Reformstaaten
wurde von Publizisten wie Johann Nikolaus Brauer und Peter
Adolf Winkopp als eine von Napoleon angestoßene
„Staatsumwälzung" begriffen.

Allmählich zeigte sich aber in einigen Blättern Thüringens
auch eine vorsichtige antifranzösische Neigung.[258] Dies war vor
allem seit 1809 der Fall, als der glänzende Nimbus Napoleons in
Tirol und zuvor bereits in Spanien deutliche Kratzer erhalten
hatte. Mehr und mehr klangen jetzt Metaphern und Topoi an, die
in der antifranzösischen Publizistik, welche sich in Deutschland
zunehmend ausbreitete, einen wichtigen Platz einnahmen.[259] Andererseits aber war auch im Februar 1809 in allen Rheinbundstaaten eine deutliche Zensurverschärfung angeordnet worden.
In Sachsen-Weimar-Eisenach beharrte man zwar darauf, dass
keine politische Zeitung existieren würde. Doch nichtsdestowe-
niger wurde von Carl August eine dem französischen Wortlaut
entsprechende Verfügung erlassen. Zur offiziellen Einführung
der Zensur in Frankreich kam es ein Jahr später, als Napoleon
das Zensuredikt vom 5. Februar 1810 erließ. Das Pressewesen in
Thüringen insgesamt erfuhr in den Jahren von 1809 bis 1813
eine verschärfte Kontrolle. Die Regierung in Weimar richtete
zudem eine erhöhte Aufmerksamkeit auf „Gespräche, Urtheile
und Streitigkeiten über Politik und Kriegsbegebenheiten" in der
Öffentlichkeit. Mehrfach wurde die Bevölkerung durch An-
schläge und durch Bekanntmachungen im „Weimarischen Wochenblatt" aufgefordert, in den Cafés und Wirtshäusern keine
Gespräche politischen Inhalts zu führen. Andernfalls sei mit
ernstlicher Bestrafung zu rechnen. Auch die Wirte konnten zur
Verantwortung gezogen werden. So verwundert es nicht, dass

sich eine wirklich antinapoleonische Publizistik in größerem Umfang erst sehr viel später artikulierte. Erst Ende 1813 begannen auch in Thüringen jene Stimmen den Diskurs zu dominieren, die sich nicht mit Napoleon Bonaparte arrangieren, sondern die ihn bekämpfen wollten.

9.3. „Pestbeule am Leib der Menschheit". Napoleon nach der Völkerschlacht bei Leipzig

Die Völkerschlacht bei Leipzig markiert für die Napoleon-Wahrnehmung einen markanten Wendepunkt. Denn der Kaiser der Franzosen hatte die Erwartungen der Deutschen in mehrfacher Weise enttäuscht. Den lange ersehnten Frieden in Europa hatte Napoleon ebenso wenig zustande gebracht wie eine Erneuerung des Reiches. Was man gemeinsam mit Napoleon nicht zu erlangen vermochte, schien nunmehr aber im Kampf gegen ihn in greifbare Nähe zu rücken. Die alliierten Truppen verfolgten die französische Große Armee nach deren Niederlage bei Leipzig bis auf französisches Territorium. Und in der öffentlichen Meinung Deutschlands begann jetzt ein deutlich negatives Napoleon-Bild zu dominieren. Dies soll am Beispiel der „Deutschen Blätter" gezeigt werden, die zwischen 1813 und 1816 herauskamen. Ihr Hauptanliegen bestand gleichsam in der Auseinandersetzung mit Napoleon und mit Frankreich insgesamt. Verlegt wurden sie von Friedrich Arnold Brockhaus, der später vor allem mit seinem Konversationslexikon erfolgreich und berühmt wurde.[260] Redigiert wurde das Periodikum in Altenburg im Herzogtum Sachsen-Gotha-Altenburg.[261] Die „Deutschen Blätter" erschienen seit dem 14. Oktober 1813 zunächst fast täglich, später mit vier und seit Mai 1814 mit drei Ausgaben pro Woche. Die Auflage erreichte die für damalige Verhältnisse beträchtliche Zahl von 4.000 Exemplaren.[262]

Die „Deutschen Blätter" von Friedrich Arnold Brockhaus wollten „keine Zeitung seyn", sondern sie verstanden sich als „ein politisches Volksblatt", „das in allen Ländern deutscher Zunge mit Theilnahme kann gelesen werden".[263] Die „Deutschen Blätter" verfolgten das Ziel „Gemeinsinn zu erwecken, die deutsche Nationalwürde zu erheben, Haß gegen fremde Unterjochung und Vertrauen zu uns selbst einzuflößen".[264] Die „Deutschen Blätter" wollten sich, wie sie mit erheblichem Pathos verkündeten, „ein besonderes Geschäft daraus machen, das systematische Lügengewebe der französischen Nachrichten zu entwirren und die Sophismen ihrer diplomatischen Verhandlungen zu widerlegen."[265]

Wenige Tage nach Gründung der „Deutschen Blätter" fand die Völkerschlacht bei Leipzig statt. Durch die geographische Nähe zum Kriegsschauplatz und die guten Beziehungen des Verlegers zum Hauptquartier der alliierten Truppen gelang es den „Deutschen Blättern", die ersten authentischen Nachrichten vom Geschehen zu veröffentlichen.[266] Parallel dazu erschien ein mehrteiliger Artikel über die Auflösung des Rheinbundes.[267] In beiden Serien zeigte sich von Beginn an eine nationalistische und antifranzösische, vor allem aber antinapoleonische Tendenz. Die „Deutschen Blätter" lieferten eine kontinuierlich dichte Berichterstattung vom Kriegsverlauf. Dabei wurden die Meldungen immer wieder durch politische Reflexionen, aber auch durch Rezensionen und durch literarische Texte ergänzt. Die Grundposition des Periodikums bis zum Ende des ersten Erscheinungsjahres lässt sich an einem Zitat festmachen, das am 24. Dezember 1813 in der Rubrik „Politische Ansichten" eingerückt war: „Kein Friede mit Bonaparte!"[268]

Die „Deutschen Blätter" wurden rasch zu einer Art von „Zentralorgan" der Auseinandersetzung mit Napoleon. „Die deutschen Blätter haben es zuerst gewagt, den so finstern und blutdürstigen Charakter des Tyrannen zu enthüllen",[269] notierte der Redakteur voller Stolz in der Ausgabe vom 23. April 1814. In einer großen Anzahl eigener Beiträge und in Auszügen aus anderen Schriften wurde unermüdlich über den Kaiser der Franzosen und über seinen tiefen Sturz räsoniert. Berichtet wurde ferner über „das Verhältnis, in welchem Buonaparte's Verbrechen zu den Verlusten Frankreichs stehen".[270] Dabei war jetzt kein Wort zu stark, um die Negativcharakteristik Napoleons deutlich zu machen, jenes Mannes, der bis vor kurzem in Thüringen noch in den höchsten Tönen gelobt worden war. Napoleon Bonaparte sei die „Geisel Europas", hieß es jetzt in den

„Deutschen Blättern", er sei der „verbrecherische Unhold", der „Giftbaum der französischen Revolution", der „Blutsäufer und Menschenschlächter aus einem Tigeraffengeschlecht". Und als ob all diese negativen Zuschreibungen nicht ausreichen, ging man auch noch ins Grundsätzliche: Napoleon sei die „Pestbeule am Leib der Menschheit".[271]

Augenfällig wurde die Veränderung in der Napoleon-Wahrnehmung seit 1813/14 auch in mehreren Karikaturen, die große Verbreitung fanden. Napoleon Bonaparte wird beispielsweise

Napoleon als Nussknacker – anonyme Karikatur, 1813/14

als Nussknacker dargestellt, der sich an einer Nuss mit der Aufschrift „Leipzig" die Zähne ausbeißt. Die Anspielung auf die schwere Niederlage in der Völkerschlacht ist unmissverständlich. Auf einem weiteren Blatt sieht man Napoleon auch erneut mit einem Erdball, ähnlich wie 1805 in der Karikatur „The Plumb-pudding in danger". Auf der anonymen Karikatur von 1813/14 wird Napoleon aber nicht mehr mit seinem großen Gegenspieler, dem englischen Premierminister William Pitt gezeigt. Neben Napoleon ist jetzt sein eigener Sohn abgebildet, der 1811 geboren wurde. Napoleon trägt einen grauen Mantel und mit seinem typischen Hut. Jetzt, zur Jahreswende 1813/1814, kann der Kaiser der Franzosen die Weltkugel kaum noch festhalten. Aus Europa hat Napoleon ein Stück heraus gebissen. Doch sein kleiner Sohn ruf ängstlich: „Papachen, verdirb Dir nur den Magen nicht!"[272]

Etwa zur gleichen Zeit, Ende 1813 bzw. Anfang 1814, machten zwei weitere Motive die Runde, ebenfalls von anonym gebliebenen Künstlern. Beide spielen auf die Völkerschlacht bei Leipzig im Oktober 1813 an, die für Napoleon mit einer ent-

„Papachen, verdirb Dir nur den Magen nicht!" – anonyme Karikatur, 1813/14

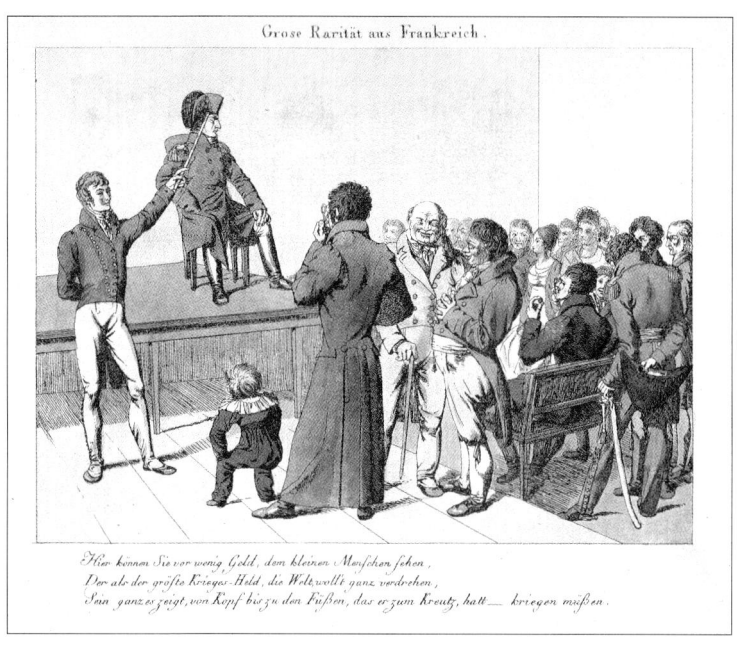

Hier können Sie vor wenig Gold, den kleinen Menschen sehen,
Der als der größte Krieges-Held, die Welt wollt ganz verdrehen,
Sein ganzes zeigt, von Kopf bis zu den Füßen, das er zum Kreutz, hatt— kriegen müßen.

„Grose Rarität aus Frankreich" – Karikatur von Erhard, 1813/14

scheidenden Niederlage endete. Bis zu diesem Datum war Leipzig in der Welt nur als die Stadt der Messe bekannt. So zeigt nun Ende 1813 eine Karikatur Napoleon auf der Leipziger Messe. Dabei wird der Kaiser der Franzosen als „Grose Rarität aus Frankreich" angepriesen.[273]

Das zweite Motiv gibt es in mehreren, sehr ähnlichen Varianten. Es spielt ebenfalls auf Napoleons Niederlage in der Völkerschlacht bei Leipzig an. Nach der Schlacht zog sich Napoleon zurück und erreichte am 1. November 1813 den Rhein. Aus diesem Grunde ist Napoleon als „der rheinische Courier" dargestellt. Der Titel der Karikatur lautet: „Der rheinische Courier verliehrt auf der Heimreise von der Leipziger Messe alles". Und die Zettel, die aus seinem offenen Felleisen fallen, bezeichnen jene Territorien, die er im Laufe des Jahres 1813 verloren hat. Zu ihnen zählen unter anderem Polen und die Mitglieder des Rheinbundes, also auch die thüringischen Territorialstaaten. Auf

DER RHEINISCHE COURIER
verliehrt auf der Heimreife von der Leipziger Meffe alles

„Der Rheinische Courier" – anonyme Karikatur, 1813

einer der verschiedenen Fassungen des „rheinischen Couriers"
ist zudem noch ein Gedicht abgedruckt, das die weitere Entwicklung fast prophetisch vorwegnimmt:

„Mit Schnellem Schritt lauft er Davon,
Der adoptirte Satans-Sohn;
Er hat den Bogen z'hoch gespannt,
Drum trifft ihn jetzt nur Spott u. Schand.
Für ihn ist wohl kein Reich mehr da –
Mann schicke ihn nach Corsica."

Doch nicht nach Korsika ging Napoleon, nachdem er am 6.
April 1814 abgedankt hatte, sondern zunächst ins Exil nach Elba. Von dort jedoch kehrte er am 1. März 1815 nach Frankreich

138

zurück, um sich erneut zum Herrscher über Frankreich aufzuschwingen. In der sich anschließenden „Herrschaft der 100 Tage" gelang es ihm erneut, auch außerhalb Frankreichs Furcht und Schrecken zu verbreiten. In Teilen der thüringischen Presse wurde die scharfe Kritik an Napoleon Bonaparte jetzt endgültig auf Frankreich insgesamt ausgedehnt, auf das Land, das den Aufstieg Napoleons und seine Rückkehr überhaupt erst möglich gemacht hatte. In den „Deutschen Blättern" war im Frühjahr 1815 von der ungeheuren Entartung der Franzosen die Rede, von der „Sittenlosigkeit und Treubrüchigkeit dieses Volks", und von dessen fürchterlichem Leichtsinn.[274]

Als Napoleon Bonaparte dann im Juni 1815 zum zweiten Mal abdankte und als Gefangener nach St. Helena gebracht wurde, überwog wieder der Spott auf seine Person. Im Jahre 1814 waren die Karikaturisten zwar spöttisch, aber noch einigermaßen respektvoll mit Napoleon umgegangen. Die geträumten Weltreiche waren zwar zerstoben, und der Traum von der Universalmonarchie war zerplatzt. Napoleon erheiterte seinen Sohn aber noch mit den Seifenblasen, die die Namen der ehedem besetzten Gebiete tragen. Der kleine Knabe, ein treues Abbild des Vaters, hascht nach den flüchtigen Kugeln, kann sie aber nicht festhalten. Die Szene ist familiär. Der große Napoleon trägt zwar noch Insignien der Macht, doch er ist ins Private zurückgezogen.

Dieser Respekt, der trotz der überaus deutlichen Kritik noch anklingt, wird dem nach St. Helena verbannten Napoleon dann seit 1815 völlig versagt. Das zeigt eine Karikatur aus dem Jahre 1815 mit dem Titel „Die größte Heldenthat des neunzehnden Iahrhunderts oder Eroberung der Insel St. Helena". Auf diesem satirischen Blatt tut Napoleon das, was er eigentlich immer tat: Er führt Krieg. Dies aber tut er in einer äußerst lächerlichen Manier. So sieht man den Ex-Kaiser, auf einem Ziegenbock reitend, wie er mit seiner Katzenarmee die Verteidiger der Insel St. Helena bekämpft und besiegt. Es ist ein Heer aus Ratten.[275]

Zu derartigen Positionen und Zuschreibungen, die in der deutschen Öffentlichkeit existierten, lassen sich natürlich auch Gegenstimmen finden. Das gilt etwa für Johann Wolfgang von Goethe in Weimar, der aus seiner Bewunderung für den Kaiser

„So zerstieben getraeumte Weltreiche" – anonyme Karikatur, 1814

der Franzosen nie einen Hehl gemacht und an dieser Haltung auch nach Napoleons Debakel von Leipzig festgehalten hatte. So notierte ein preußischer Artillerieoffizier im Dezember 1813: „Was mir aber, offen gestanden, jetzt an Goethe gar nicht recht gefallen wollte, war seine geringe patriotische Freude über unsere letzten glänzenden Siege und die Vertreibung Napoleon's aus Deutschland. Er verhielt sich auffallend kühl und kritisirend

„Die größte Heldenthat des neunzehnden Iahrhunderts" – anonyme Karikatur, 1815

dagegen und pries sogar die vielen glänzenden Eigenschaften des Kaisers Napoleon auf eine sehr beredte Weise."[276] Auch jene Autoren, die in der Folge an der deutschen Napoleon-Legende strickten, stellten diesen alsbald wieder ausgesprochen positiv dar. Diese Legende wurde bereits zu Lebzeiten des Kaisers in Gang gesetzt, nicht zuletzt von ihm selbst, nahm aber an Wirkung erst nach dessen Tod 1821 zu. Heinrich Heine meinte 1826 im „Buch Le Grand", dass Napoleons Grab auf St. Helena zum heiligen Grab werde, zu dem die Völker des Orients und des Okzidents wallfahrten werden in bunt bewimpelten Schiffen. Sie würden „ihr Herz stärken durch große Erinnerung an die Taten des weltlichen Heilands".[277] Dabei hatte die Napoleon-Legende mit den Berichten von Männern wie Las Cases auch neue „stoffliche" Nahrung erhalten.[278] Getragen wurde sie von Schriftstellern wie Wilhelm Hauff, Christian Dietrich Grabbe und Heine.[279] Einen Nährboden fand sie auch in der Volksphantasie, die den Kaiser der Franzosen in eine Reihe mit Karl dem Großen oder auch mit Kaiser Barbarossa stellte. Eine wich-

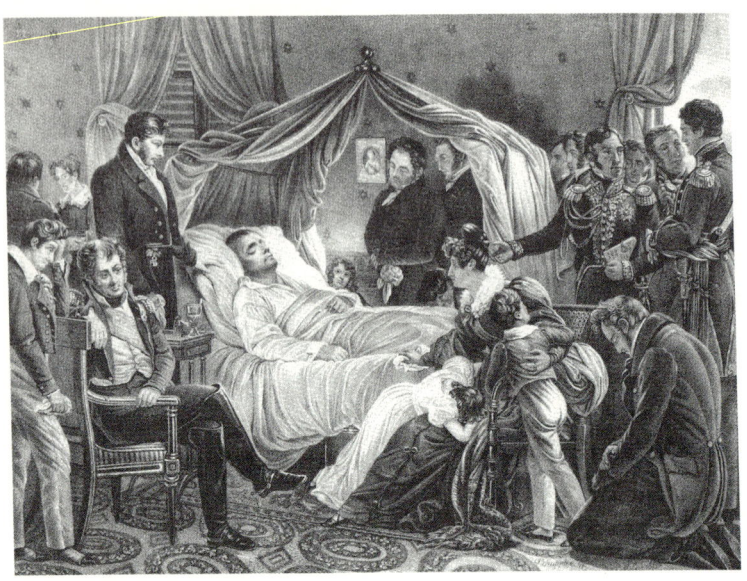

Der Tod Napoleons zu St. Helena am 5. Mai 1821 – Lithographie nach Steuben, um 1828/30

tige Basis der Napoleon-Legende waren die Veteranen, die in den ehemaligen französischen Territorien ihres Kaisers und Kriegsherrn Napoleon gedachten. Doch aufs Ganze gesehen blieb der Napoleon-Kult eine Randerscheinung in Deutschland. „Politikmächtig" wurde die Napoleon-Legende, die in Thüringen im Übrigen bei den Zeitgenossen kaum eine Rolle spielte, nicht. Dominierend war nach der Völkerschlacht bei Leipzig eindeutig die Tendenz der Abgrenzung.

In den neunziger Jahren des 18. Jahrhunderts herrschte in Thüringen vielerorts eine profranzösische Sicht vor, zunächst ganz unabhängig von Napoleon und noch vor dessen spektakulärem Aufstieg. Christoph Gottlieb Steinbeck in Gera beispielsweise, seit 1795 Herausgeber der „Aufrichtig-Deutschen Volks-Zeitung", schrieb 1794: „Was Frankreich von jeher auf Deutschland, für Einfluß gehabt hat, ist bekannt: Welche Stimmung seine Revolution, bei unsern gemeinen Bürger und Bauersmann, gemacht hat, weiß nur der, der unter ihnen lebt - und sie beobachtet. Wo man hinkommt, wird itzt, auch unter den gemeinsten Leuten, von Gleichheit und Freiheit der Menschen gesprochen, ja! wenn man den gesammten Geist des niedern Bürger- und Bauernstandes, durch ganz Deutschland übersehen könnte, so würde man gewiß finden, daß viele, – sehr viele, seit Jahr und Tagen, französisch gesinnt sind."[280]

Derartige revolutionsfreundliche Worte findet man nach 1806 nicht mehr. Doch auch mit Kritik an Frankreich hielt man sich in Thüringen zunächst zurück. Die Pressezensur im Rheinbund und die „Selbstzensur" der Publizisten führten nach der Schlacht bei Jena und Auerstedt dazu, dass kritische Töne über Napoleon und die Franzosen zunächst kaum zu vernehmen waren. Zudem fand der Kaiser der Franzosen in weiten Kreisen der Bevölkerung große Bewunderung und Zustimmung, nicht zuletzt bei den Gebildeten. Napoleon galt vielen Publizisten und Schriftstellern seit 1806 als der „erhabene Protector". Doch die Affinität zum Kaiser der Franzosen und die kulturelle Offenheit wichen mehr und mehr einer distanzierten Haltung. Ende 1813, nach der Völkerschlacht bei Leipzig, kam diese Distanz dann in massiver Weise auch zum Ausdruck.[281] Napoleon Bonaparte und auch Frankreich insgesamt wurden jetzt nicht nur als Feinde wahrgenommen, sondern auch als solche bezeichnet.

Zum Oberhaupt des publizistischen Kreuzuges gegen Frankreich wurde in Deutschland insgesamt der Schriftsteller Ernst Moritz Arndt. Arndt stilisierte Napoleon bereits 1812, nach dem verlustreichen Rückzug aus Russland, zum Weltfeind und Dämon.[282] Im Januar 1813 bezeichnete er Napoleon dann als „das blutige und unerbittliche Ungeheuer",[283] das es zu zerschmettern gelte. Und Arndt schlussfolgerte in maßlosem Chauvinismus: „Nur ein blutiger Franzosenhaß kann die deutsche Kraft vereinigen, die deutsche Herrlichkeit wieder herstellen, alle edelsten Triebe des Volkes hervortreiben und alle niedrigsten versenken; dieser Haß, als Palladium deutscher Freiheit den Kindern und Enkeln überliefert, muß künftig an der Schelde, an dem Vogesus und den Ardennen Germaniens sicherster Grenzhüter sein."[284]

Solche extremen Töne gegen Napoleon und gegen die Franzosen überhaupt konnte man in Thüringen auch nach 1813 kaum vernehmen. Doch eine deutlich antifranzösische Haltung wurde jetzt auch hier evident. Der Erfurter Buchhändler Johann Carl Müller schrieb 1814, nach dem Abzug der Truppen aus der seit 1806 französisch besetzten Stadt: „Nicht werth ist der ein Deutscher zu seyn, der nicht von dieser wiedergeschenkten Gabe, frei denken, reden und handeln zu können, Gebrauch macht, und nicht dazu beiträgt, alle Gallomanie für immer auszurotten."[285]

Dies ist deutlich, im Ton aber doch gemäßigter als Ernst Moritz Arndt. Das Urteil über Napoleon aber fiel jetzt auch in den thüringischen Gegenden sehr scharf aus, in Inhalt und Wortwahl. Den „Deutschen Blättern" aus Altenburg galt der Kaiser der Franzosen im April 1814, siebeneinhalb Jahre nach der Schlacht bei Jena und Auerstedt, als „die überreife, letzte Todesfrucht des ungeheuern Giftbaums, genannt französische Revolution!"[286]

10. Nachwirkung

Wenn von Napoleon Bonaparte und Thüringen die Rede ist, wird dies nicht selten auf die Chiffre „Jena 1806" verkürzt, auf die Schlacht bei Jena und Auerstedt. Dies ist unter ereignis- und wirkungsgeschichtlichen Aspekten keineswegs unberechtigt, vor allen Dingen dann nicht, wenn man einen nationalen oder gar europäischen Maßstab anlegt. Die Folgen der Kämpfe im Oktober 1806 waren tief greifend, Napoleon war fortan Herrscher über fast das gesamte kontinentale Europa und befand sich damit auf dem Zenit seiner Macht. Für zahlreiche deutsche Staaten wurde die napoleonische Herrschaft im Rahmen des Rheinbundes nun politische Realität. Nach dessen Gründung und der Auflösung des Heiligen Römischen Reichs setzte die Schlacht gewissermaßen einen Schlusspunkt, der zudem Napoleons Ruf der Unbesiegbarkeit weiter festigte. Die vernichtende Niederlage der mit den Sachsen verbündeten preußischen Armee wurde von vielen Zeitgenossen nicht nur in Bezug auf das Königreich Preußen, sondern mit Blick auf ganz Deutschland als ein tiefer Einschnitt empfunden, als eine Niederlage Deutschlands. So schrieb die Weimarer Hofdame Luise von Stein am 10. November 1806 an Leopold von Seckendorff zum Ausgang der Schlacht:

„Die Teutschen müssen ihre Feigheit, Kraftlosigkeit, Unentschlossenheit büssen – vielleicht treibt das große Unglück wieder das alte Feuer in ihrem Blut u. das Wort Ehre und Vaterland werden wir wieder verstehen – jetzo ist das Wort kaum mehr da, der Sinn ganz verlohren, lieber Freund, tief erschüttert einen dieser Gedanke – bis jetzt war mein Sinn aufs Ganze hin gerichtet, doch jetzt ist es wohl weise gehandelt ihn davon abzuwenden, doch wohin? Die letzte Hoffnung ist verlohren!"[287] Und bereits elf Tage zuvor hatte Cäcilie von Werthern an ihren Vater in Gotha geschrieben, dass sie die Nachricht von der Niederlage bei Jena und Auerstedt „zerschmettert" habe. Sie begründete dies mit dem Satz: „Hatte ich nicht mein Vaterland verloren, u. war ich nicht von einer Deutschen zu einer Französin geworden?"[288]

Luise von Stein sprach zwar im oben zitierten Brief auch davon, dass „ein Tag der Erlösung – der Rache"[289] doch wohl einmal kommen werde. Zunächst jedoch musste man sich in Thüringen und in Deutschland insgesamt auf jene neuen Verhältnisse einstellen, die durch den Sieg Napoleons bei Jena und Auerstedt geschaffen worden waren.

Der Gedanke allerdings, dass es einst Rache geben könnte für die Niederlage bei Jena, war fortan virulent. Er wurde rückwirkend in jene Deutung überführt, die die Niederlage und den weitgehenden Zusammenbruch des preußischen Staates 1806 als eine Voraussetzung und Ausgangsbedingung für den Aufstieg Preußens im 19. Jahrhundert und für die nationale Einigung Deutschlands unter preußischer Führung ansah. Diesem Deutungsmuster ist auch die berühmte Rede Otto von Bismarcks zuzurechnen, die er zwei Jahre nach seiner Entlassung aus dem Amt des Reichskanzlers Ende Juli 1892 auf dem Marktplatz in Jena hielt und in der er die Schlacht bei Jena 1806 zum preußischen Sieg über den französischen Kaiser Napoleon III. bei Sedan am 2. September 1870 in Beziehung setzte. In Bismarcks Rede heißt es:

„Der Name Jena hatte für mich als Sohn einer preußischen Militärfamilie einen schmerzlichen und niederdrückenden Klang. Es war das natürlich, und erst in reiferen Jahren habe ich einsehen gelernt, welchen Ring in der Kette der göttlichen Vorsehung für die Entwicklung unseres Vaterlandes die Schlacht von Jena gebildet hat, welche Wirkung die Vorgänge vor und nach der Schlacht bei Jena auf die gesamten Verhältnisse unseres Vaterlandes ausgeübt haben. Ich kann mich nicht freuen bei dieser Erinnerung, mein Herz kann es nicht, wenn auch mein Verstand mir sagt, dass, wenn Jena nicht gewesen wäre, Sedan vielleicht auch nicht in unserer Geschichte seinen glorreichen

Otto von Bismarck in Jena – Foto, 1892

Platz gefunden hätte."[290] Diese Aussage in der Rede Otto von Bismarcks wurde dann rasch auf die verkürzte Formel „ohne Jena kein Sedan" gebracht und vielfach unter den unterschiedlichsten Vorzeichen zitiert.[291]

Ohne die Linie „von Jena nach Sedan" allzu verkürzt zu ziehen, steht die wirkungsgeschichtliche Relevanz von „Jena 1806" außer Frage. Anders dagegen sieht es mit der Begegnung zwischen Napoleon und Goethe im Jahre 1808 aus. Dieses kurze Treffen, bei dem der Dichter nicht einen einzigen Moment mit dem Feldherrnkaiser allein war, wird in mancher Darstellung fast zum wichtigsten Ereignis des Erfurter Fürstenkongresses stilisiert. So bemerkenswert es erscheinen mag, dass sich zwei überragende Männer ihrer Epoche begegneten und dass dies auf thüringischem Territorium geschah, so klar muss auch formuliert werden, dass diese Begegnung für Napoleon lediglich eine Episode war. Der viel zitierte Satz „Vous êtes un homme!" (Sie sind ein Mensch bzw. Mann!), mit dem der Kaiser den Weimarer Dichter nach dessen eigenem Bekunden begrüßt haben soll,[292]

Johann Wolfgang von Goethe – Kügelgen, Öl auf Leinwand, 1810

hat keineswegs jene schwerwiegende Bedeutung, die ihm Goethe und eine ganze Phalanx von Germanisten zuschreiben. Abgesehen davon, dass der Ausspruch nicht verbürgt ist, kennzeichnet er nicht Napoleons Wertschätzung für einen „großen" oder „echten" oder gar „richtigen" Mann, sondern er stellt eher eine Verlegenheitsfloskel dar, die Napoleon beim Anblick Goethes entfuhr. Das „Vous êtes un homme!" sollte man weder als einen Ausdruck besonderer Wertschätzung Napoleons für Goethe noch als Zeichen seiner subtilen Kennerschaft für das ihm ebenbürtige Genie aus Weimar interpretieren.[293]

Napoleons Nachwirkung in Thüringen hat viel mit den Alltags- und Kriegserfahrungen der Menschen um und nach 1800 zu tun sowie mit den vom Protektor des Rheinbundes in den Mitgliedsstaaten angestoßenen politischen und gesellschaftlichen Veränderungen. Von Bedeutung sind auch die erinnerungskulturellen Anstrengungen, die man zu verschiedenen Zeiten im Zusammenhang mit „Napoleon und Thüringen" unternommen hat und von denen bereits die Rede war.[294] Lässt man die diesbezüglichen Aktivitäten Revue passieren, wird allerdings deutlich, dass sich auch hierbei vieles zunächst auf „Jena 1806" fokussiert, sich von dieser Chiffre aus aber auf die gesamte „Napoleonzeit" ausweitet und dabei auch den Kaiser der Franzosen selbst gehörig berücksichtigt. Zum 100. Jubiläum der Schlacht wurde 1906 im fünf Jahre zuvor gegründeten Städtischen Museum zu Jena eine Sonderausstellung präsentiert, deren Katalog noch heute ein beeindruckendes Dokument jener Vielfalt von Erinnerungsstücken ist, die man im Zusammenhang mit der Schlacht bei „Jena 1806" zusammengetragen hatte, die sich aber keineswegs auf diese beschränkten.[295] Die mit Abstand umfangreichste Abteilung der Exposition betraf „Darstellungen Napoleons, seines Lebens und seiner Taten in Wort und Bild". Immerhin 123 der insgesamt 483 Katalognummern sind zu diesem Sujet versammelt. Knapp 50 innerhalb dieser Abteilung sind napoleonkritische Karikaturen aus der Zeit seit 1813.

Eine eigene Abteilung in der Ausstellung bildete die Rheinbundzeit, im Katalog von 1906 als „Die Zeit der großen Schmach" bezeichnet. In dieser Rubrik wurden 30 Exponate präsentiert. Diese Zwischenüberschrift und verschiedene napoleon- bzw. frankreichkritische Bemerkungen im Katalog machen deutlich, dass sich die Ausstellungsmacher weitgehend auf jener Interpretationslinie der Schlacht bei Jena 1806 bewegten, die auf die Formel „ohne Jena kein Sedan" hinausläuft. So ist von „dem glänzenden Tagesgestirn Napoleon Bonaparte" die Rede als auch vom „fremden Eroberer".[296] Das Besondere, das Herausragende des Kaisers der Franzosen wird durchaus anerkannt, aber negativ bewertet. Und so wird auch der Zweck der Jenaer Exposition in diesem Sinne erklärt: „Also Grund genug ist vorhanden, um des Guten sich dankbar zu erinnern, was uns der unglückliche Tag von Jena und die Zeit der großen Schmach gebracht hat. Es ist kein ruhmvolles, aber ein lehrreiches Stück deutscher Geschichte, das in der Hundertjahrausstellung des Jenaer Museums an dem Auge des Beschauers vorbeizieht, lehrreich gerade für unsere Zeit, die sich im Besitz der Errungenschaften der letzten vier Jahrzehnte vielleicht allzu sicher fühlt."[297]

Vom Katalog der Hundertjahrausstellung 1906 lässt sich eine Brücke schlagen zu neueren Wertungen, in denen die Person und Leistung Napoleon Bonapartes zwar weitaus positiver dargestellt werden, wo man unter ereignis- und wirkungsgeschichtlichen Aspekten aber zu ähnlichen Schlussfolgerungen kommt. Der bereits eingangs zitierte Historiker Thomas Nipperdey hat die Rolle Napoleons für die Geschichte der Deutschen herausgearbeitet und seine deutsche Geschichte des 19. Jahrhunderts mit dem Satz begonnen: „Am Anfang war Napoleon".[298] Damit verweist er auf die Tatsache, dass zwischen 1800 und 1815, als die Grundlagen eines modernen Deutschlands gelegt wurden, die Geschichte der Deutschen unter dem überwältigenden Einfluss Napoleon Bonapartes stand. Kein Lebensbereich sei davon unberührt geblieben. Der Kaiser der Franzosen bestimmte in Deutschland die Politik, er führte Kriege und machte Eroberungen und war zudem verantwortlich für Raub und Unterdrückung. Die politische Geographie wandelte sich unter dem Regiment Napoleons nachhaltig. Sich selbst schuf Napoleon Bonaparte ein gewaltiges Imperium. Zudem veränderte er die Staats- und Rechtsverhältnisse in den von ihm annektierten Territorien. Die Einführung bzw. die Vorbildwirkung des Gesetzbuches von 1804, des „Code Napoléon", wies den Weg in ein bürgerliches Zeitalter.

Die Handlungsmöglichkeiten der Fürsten und der Völker verliefen zwischen Anpassung und Widerstand. „Selten haben alle Bereiche des Lebens so sehr im Zeichen der Machtpolitik und des Drucks von außen gestanden; auch die großen Reformen, die Staat und Gesellschaft umbildeten, sind, freiwillig oder unfreiwillig, davon geprägt worden", schreibt Nipperdey. Zwar seinen „die Grundprinzipien der modernen Welt" bereits mit der Französischen Revolution ins Leben und ins Bewußtsein der Zeitgenossen getreten. Der Umsturz der alten Ordnung jedoch sei für die Deutschen „reale Erfahrung erst unter Napoleon und

Napoleon in seinem Arbeitszimmer – Jacques Louis David, Öl auf Leinwand, 1812

in der Form des Militärimperiums geworden".[299] Doch das ist nur die eine Ebene der großen Bedeutung Napoleons für die Geschichte der Deutschen.

In derartigen Einschätzungen gibt es Berührungspunkte zu den Betrachtungen von 1906, wenn auch unter deutlich veränderten Vorzeichen. Eine zweite Ebene, die heute weitaus mehr interessiert als 1906, hat mit der Berichterstattung über den Kaiser der Franzosen zu tun sowie mit der Art und Weise seiner Wahrnehmung. Sie beinhaltet die Urteile, die man über ihn fällte, und die scharfe Abgrenzung, die am Ende seiner politischen Laufbahn fast überall in Deutschland dominierte. Der zunehmende Widerstand gegen den Kaiser der Franzosen wurde in einem „gesamtdeutschen" Sinne gleichsam patriotischer Widerstand, wodurch Napoleon für die Deutschen ungewollt identitätsstiftend wirkte. Die negative Seite dieses Vorgangs war der entstehende Chauvinismus und Franzosenhass,[300] der noch lange Zeit nachwirken sollte. Durchaus positiv und in die Zukunft weisend aber schlug die Tatsache zu Buche, dass die Jahre von 1806 bis 1813 durch die Auseinandersetzung mit Napoleon und seiner Herrschaft zu einer sehr intensiven Phase der nationalen Bewegung wurden.

In Anlehnung an ältere Deutungen meint der Kölner Historiker Otto Dann, dass der antinapoleonische Kampf gleichsam zum „Schlüsselereignis der modernen deutschen Nationalgeschichte"[301] avancierte. Derart zugespitzte Interpretationen werden in der neueren Forschung deutlich relativiert.[302] Von einigen Autoren wird „die Vorstellung einer vermeintlich scharfen Trennlinie zwischen Früher Neuzeit und Moderne in den Jahren der napoleonischen Kriege"[303] grundsätzlich in Frage gestellt. Gesprochen wird hier „von der allmählichen Durchsetzung des nationalen Deutungsparadigmas", von „einer nationalen Inkubationsphase"[304] in der zeitlichen Dimension der „Sattelzeit". Aus ganz unterschiedlichen Perspektiven erscheinen die napoleonische Zeit in Deutschland und die Anstrengungen zu ihrer Überwindung in zahlreichen Darstellungen aber noch immer als eine Art von „Wasserscheide", welche das Alte Reich auch im Hinblick auf die Entstehung des modernen Nationalismus von der modernen Welt trennt.[305]

Diese Interpretation kann ebenso für die thüringischen Territorialstaaten in Anspruch genommen werden. Das Jahr 1806 bildete für sie eine scharfe politische Zäsur, insbesondere durch das Ende des Alten Reiches im August und durch den kurze Zeit nach der Schlacht vom 14. Oktober erfolgten Beitritt zum Rheinbund unter dem Protektorat Napoleons.[306] Für die Entstehung einer national-patriotischen Bewegung bildete das Jahr 1806 aber lediglich einen Auftakt, der zudem keineswegs voraussetzungslos war.[307] Mit voller Intensität wurde dieser qualitativ neue, „moderne" Nationalismus dann erst mit einiger Verzögerung deutlich. Zur Nachwirkung Napoleons zählt er aber durchaus.

Wenn man sich 2006 mit „Napoleon in Thüringen" beschäftigt, räumt man selbstverständlich auch heute noch der Schlacht vom Oktober 1806 einen wichtigen Platz ein. Die fast ausschließliche Konzentration auf diese Chiffre ist inzwischen aber fehl am Platze. Dies war vor 100 Jahren aber noch anders, was an einem letzten Beispiel angedeutet werden soll, an Paul Schreckenbachs Buch „Der Zusammenbruch Preußens im Jahre 1806". Der zu seiner Zeit sehr populäre und erfolgreiche Jenaer Autor, der sich vor allem historischen Stoffen widmete, stellte den wissenschaftlichen Darstellungen zu 1806 gezielt eine populäre Abhandlung an die Seite. Schreckenbachs Absicht war 1906 die Erziehung seiner Leser zu nationalem Denken, das nach seiner Überzeugung in den nationalen und patriotischen, gegen Napoleon gerichteten Bestrebungen der Jahre seit 1806 eine wichtige Wurzel hatte. „Uns Deutschen gibt nun das Jahr 1806 einen ganz besonderen Anlaß zu ernstem Gedenken an eine Zeit der tiefsten nationalen Schmach. Am 14. Oktober wird ein Jahrhundert vergangen sein, seitdem auf den Schlachtfeldern von Jena und Auerstädt die Monarchie Friedrichs des Großen in Trümmer geschlagen ward. Nie seit der Schlacht am Weißen Berge hat unser Volk einen so verhängnisvollen Tag erlebt. Denn mit der Niederwerfung Preußens war die Knechtschaft ganz Deutschlands vollendet und besiegelt. Sieben Jahre lang wurde der Norden und Osten unseres Vaterlandes von dem fremden Eroberer mißhandelt und ausgesogen, während alle übrigen Deutschen unter dem trügerischen Namen von Verbün-

Napoleon I – Lithographie von Weber, um 1820

deten dem Gewalthaber als Knechte dienten und auf hundert Schlachtfeldern für seinen Ruhm ihr Blut verspritzten."[308]

Napoleon Bonaparte gilt Schreckenbach also als der „fremde Eroberer", die Rheinbund-Jahre sind ihm eine Zeit der Knechtschaft und der nationalen Schmach. Ähnlich wie der Herausgeber des Jenaer Ausstellungskatalogs Paul Weber von 1906 interpretiert Schreckenbach die Niederlage bei Jena als Voraussetzung für den späteren Aufstieg. Jena 1806 war für ihn gleichsam ein „Gottesgericht". Nur aus dieser Perspektive – und hier geht Schreckenbach in seiner nationalistischen Sichtweise dann noch weit über die Jenaer Ausstellungsmacher von 1906 hinaus – hält er überhaupt eine Beschäftigung mit der Napoleonzeit für legitim: Der Schilderung der Schlacht von 1806 müsse, so Schreckenbach, allerdings eine Schilderung der vorherigen „Schwächen und Gebrechen [...] in Preußens Staat, Volk und Herr" vorausgehen. „Dann erst verstehen wir, warum das Verhängnis über Preußen unvermeidlich hereinbrechen mußte, können lernen aus den Fehlern des damaligen Geschlechtes – und aus einem anderen Grunde wird ja wohl schwerlich ein Deutscher den Blick zurücklenken auf die Zeiten der ärgsten Schmach und der tiefsten Erniedrigung."[309]

Hinsichtlich der thematischen Schwerpunktsetzung und der Interpretation zeigen sich also durchaus deutliche Unterschiede zwischen 1906 und heute. Bei der inhaltlichen Ausrichtung ergaben sich mit den Konjunkturen des politischen Geschehens im Laufe des 20. Jahrhunderts markante Veränderungen. Heute interessieren uns nicht mehr nur das Schicksal Preußens, seine „nationale Mission" und das Wirken der „großen" Männer wie Napoleon,[310] sondern auch die Situation in den anderen deutschen Staaten sowie das alltägliche Leben der Menschen vor 200 Jahren im ‚Schatten Napoleons'. So erscheint es als folgerichtig, dass sich eine der wichtigen neueren Publikationen zu Napoleon auf der Grundlage zahlreicher Briefe, Berichte und Erinnerungen mit dem Schicksal der einfachen Bürger, Bauern und Soldaten in Thüringen beschäftigt."[311]

Anmerkungen

[1] Ernst Wilhelm Friedrich von Rüchel, zit. nach Eckart Kleßmann (Hrsg.): Deutschland unter Napoleon in Augenzeugenberichten, München 1976, S. 112.

[2] Gemeint ist Luise Auguste Wilhelmine Amalie, Königin von Preußen und Gattin von Friedrich Wilhelm III.

[3] Zit. nach Wolf-Jörg Schuster: Man lädt uns ein zum Stelldichein. Napoleon in Thüringen 1806, Jena 1993, S. 7.

[4] Eine genaue Beschreibung der Stationen Napoleons in Thüringen vor der Schlacht bei Jena und Auerstedt findet sich in: Jean Tulard/Louis Garros: Itinéraire de Napoléon au jour le jour 1769–1821, Paris 1992, S. 313 f.

[5] Vgl. Kapitel 3.

[6] In einigen Passagen bezieht sich die vorliegende Darstellung auf frühere Publikationen des Verfassers. Vgl. u.a. Werner Greiling: Die Schlachten bei Jena und Auerstedt 1806 als thüringisches Medienereignis, in: Gerd Fesser/Reinhard Jonscher (Hrsg.): Umbruch im Schatten Napoleons. Die Schlachten von Jena und Auerstedt und ihre Folgen, Jena 1998, S. 53–73; ders.: Presse und Öffentlichkeit in Thüringen. Mediale Verdichtung und kommunikative Vernetzung im 18. und 19. Jahrhundert (= Veröffentlichungen der Historischen Kommission für Thüringen, Kleine Reihe: Bd. 6), Köln/Weimar/Wien 2003, S. 358–388; ders.: Napoleon Bonaparte – Wirkung und Wahrnehmung in Thüringen, in: „Über Napoleon…" – Auf den Spuren des Kaisers der Franzosen in Gotha. Eine Ausstellung der Stiftung Schloss Friedenstein Gotha zum Deutsch-Französischen Jahr 2006 (Ausstellungskatalog), hrsg. von der Stiftung Schloss Friedenstein Gotha, Gotha 2006, S. 53–66.

[7] Vgl. C'est la guerre. Napoleons Krieg in Thüringen. Ausstellungsprojekte Thüringer Museen 2006 (Flyer), [o.O. o.D.].

[8] Vgl. u.a. Klaus-Peter Lange: Das Erbe der Schlacht vom 14. Oktober 1806 bei Jena und Auerstedt. Denkmäler und ihre Geschichte auf dem ehemaligen Schlachtfeld, Jena/Erlangen 1991; Detlef Jena: Thüringer Napoleon-Wanderweg. Weimar – Apolda – Jena, Jena 1995; ders./Rüdiger Stolz: Spuren der Geschichte – Napoleon in Thüringen. Erinnerungen – Denkmäler – Natur – Wanderwege, Jena 1996.

[9] Vgl. Alain Ruiz: Jena 1806. Ein Erinnerungsort der Franzosen? [im Druck; Aufsatz im Ausstellungskatalog zur Tagung „Jena und Auerstedt. Ereignis und Erinnerung in europäischer, nationaler und regionaler Perspektive" vom 16.–18. Juni 2006 in Naumburg]. Ruiz hat darauf aufmerksam gemacht, dass Napoleon Bonaparte bei den Franzosen keineswegs als unumstrittener Held der eigenen Geschichte gilt, wie das aus deutscher Perspektive häufig vermutet wird.

[10] Thomas Nipperdey: Deutsche Geschichte 1800–1866. Bürgerwelt und starker Staat, München 1991, S. 11.

[11] Vgl. Heinz-Otto Sieburg: Napoleon in der deutschen Geschichtsschreibung des 19. und 20. Jahrhunderts, in: Geschichte in Wissenschaft und Unterricht. Zeitschrift des Verbandes der Geschichtslehrer Deutschlands, 21 (1970), S. 470–486; Hans Schmidt: Napoleon in der deutschen Geschichtsschreibung, in: Francia. Forschungen zur westeuropäischen Geschichte, 14 (1986), S. 530–560.

[12] Vgl. hierzu Kapitel 9.

[13] Vgl. Barthold Georg Niebuhr: Geschichte des Zeitalters der Revolution. Vorlesungen an der Universität zu Bonn im Sommer 1829, 2 Bde., Hamburg 1845.

[14] Vgl. Gustav Droysen: Vorlesungen über die Zeitalter der Freiheitskriege, Bd. 2, Kiel 1846, S. 243.

[15] Vgl. hierzu Schmidt: Napoleon in der deutschen Geschichtsschreibung, S. 536.

[16] Vgl. Heinrich von Treitschke: Deutsche Geschichte im Neunzehnten Jahrhundert, Bd. 1: Bis zum Zweiten Pariser Frieden, 6. Aufl. Leipzig 1897, S. 382.

[17] Vgl. hierzu Schmidt: Napoleon in der deutschen Geschichtsschreibung, S. 542.

[18] Vgl. August Fournier: Napoleon I. Eine Biographie, Wien/Leipzig 1885.

[19] Vgl. Emil Ludwig: Napoleon, Berlin 1925; dazu Sebastian Ullrich: „Der Fesselndste unter den Biographen ist heute nicht der Historiker." Emil Ludwig und seine historischen Biographien, in: Wolfgang Hardtwig/Erhard Schütz (Hrsg.): Geschichte für Leser. Populäre Geschichtsschreibung in Deutschland im 20. Jahrhundert, Stuttgart 2005, S. 35–56; Berthold Vallentin: Napoleon und die Deutschen, Berlin 1926.

[20] Friedrich Max Kircheisen: Napoleon I. Sein Leben und seine Zeit, 9 Bde., München 1911–1934.

[21] Vgl. Philipp Bouhler: Napoleon. Kometenbahn eines Genies, München 1939.

[22] Ebenda, S. 332 f.

[23] Ebenda, S. 319. Es zählt zu den irritierenden Befunden bei der Beschäftigung mit Napoleon und den Deutschen, dass die Biographie der hochrangigen Nazigröße Bouhler nach dem Ende des Dritten Reiches mindestens vier weitere Auflagen erlebte: 1948, 1952, 1953 und 1962. Alle im Verlag der Erstausgabe: Georg D.W. Callwey in München.

24   Vgl. Walter Markov: Grand Empire. Sitten und Unsitten der Napo-
     leonzeit, Leipzig 1984.
25   Adalbert Wahl: Über die Nachwirkungen der Französischen Revolution
     vornehmlich in Deutschland. Gedanken und Untersuchungen, Stuttgart
     1939; ders.: Die Erhebung der Völker gegen Napoleon I., Langensalza
     1931; ders.: Geschichte des europäischen Staatensystems im Zeitalter der
     französischen Revolution und der Freiheitskriege (1789–1815), München
     1912; Franz Schnabel: Deutsche Geschichte im neunzehnten Jahrhundert,
     4 Bde., Freiburg im Breisgau 1929–1937.
26   Franz Herre: Napoleon. Wegbereiter des Jahrhunderts, München 1988, S.
     388.
27   Vgl. Pierre Nora (Hrsg.): Les lieux de mémoire, Bd. I: La République; Bd.
     II in 3 Teilen: La Nation; Bd. III in 3 Teilen: Les Frances, Paris 1984–1992.
     – Ins Deutsche übertragen liegen wichtige programmatische Texte und
     eine Auswahlausgabe in einem Band vor. Vgl. Pierre Nora: Zwischen Ge-
     schichte und Gedächtnis, Frankfurt am Main 1998; Pierre Nora (Hrsg.):
     Erinnerungsorte Frankreichs, München 2005.
28   Vgl. Maurice Halbwachs: Les cadres sociaux de la mémoire, Paris 1925;
     ders.: La mémoire collective, Paris 1950; in deutscher Übersetzung: Mau-
     rice Halbwachs: Das Gedächtnis und seine sozialen Bedingungen. Frank-
     furt am Main 1985; ders.: Das kollektive Gedächtnis, Stuttgart 1967.
29   Etienne François/Hagen Schulze (Hrsg.): Deutsche Erinnerungsorte, 3
     Bde., München 2001.
30   Vgl. Constanze Carcenac-Lecomte: Pierre Nora und ein deutsches Pilot-
     projekt, in: Constanze Carcenac-Lecomte, Katja Czarnowski, Sybille
     Frank, Stefanie Frey und Torsten Lüdtke (Hrsg.): Steinbruch Deutsche
     Erinnerungsorte. Annäherung an eine deutsche Gedächtnisgeschichte,
     Frankfurt am Main u.a. 2000, S. 23 ff.
31   Mit Recht haben allerdings einige Kritiker darauf hingewiesen, dass der
     programmatische Anspruch, der sich mit der Herausgeberintention ver-
     bindet, in einer ganzen Reihe von Beiträgen nicht eingelöst wird. Vgl. u.a.
     Ulrich Speck, Gediegener Hausschatz. Ein Sammelband sucht nach
     „Deutschen Erinnerungsorten", in: Frankfurter Rundschau, 02.04.2001,
     S. 9.
32   Hagen Schulze: Napoleon, in: François/Schulze (Hrsg.): Deutsche Erin-
     nerungsorte, Bd. 2, S. 28–46, hier S. 35.
33   Ebenda, S. 46.
34   Vgl. Ilja Mieck: Napoleon, Madame de Staël, Völkerschlacht, in: Horst
     Möller/Jacques Morizet (Hrsg.): Franzosen und Deutsche. Orte der ge-
     meinsamen Geschichte München 1996, S. 131–161.
35   Vgl. Kleßmann: Deutschland unter Napoleon.
36   Vgl. Friedrich Stählin: Napoleons Glanz und Fall im deutschen Urteil.
     Wandlungen des deutschen Napoleonbildes, Braunschweig 1952.
37   Vgl. Sabine Scheffler/Ernst Scheffler: So zerstieben getraeumte Weltrei-
     che. Napoleon I. in der deutschen Karikatur (= Schriften zur Karikatur

und kritischen Grafik, Bd. 3), unter Mitarbeit von Gerd Unverfehrt, hrsg. von Gisela Vetter-Liebenow, Stuttgart 1995; Friedrich Schulze: Die deutsche Napoleon-Karikatur, Weimar 1916.

[38] Vgl. Friedrich Max Kircheisen: Fürstenbriefe an Napoleon I., Bd. 1: Deutsche Fürsten und Fürstinnen, Stuttgart/Berlin 1929.

[39] Vgl. Michael Freund: Napoleon und die Deutschen. Despot oder Held der Freiheit?, München 1969.

[40] Vgl. Roger Dufraisse: Die Deutschen und Napoleon im 20. Jahrhundert, München 1991.

[41] Vgl. Schulze: Napoleon, S. 46.

[42] Vgl. u.a. Die Zeit: Napoleon in Deutschland, DIE ZEIT Geschichte, Nr. 2 (2006); Volker Ullrich: Der gesalbte General, in: Die Zeit, Nr. 50, 02.12. 2004, S. 88; Eckart Kleßmann: Der musische Diktator, in: Die Zeit, Nr. 5, 27.01.2005, S. 32.

[43] Vgl. Johannes Willms: Napoleon. Eine Biographie, 2. Aufl. München 2005; Volker Ullrich: Napoleon. Eine Biographie, Reinbek 2004; Andreas Schulz: Der „deutsche" Napoleon – charismatisches Vorbild der National-bewegung?, in: Charismatische Führer der deutschen Nation, hrsg. von Frank Möller, München 2004, S. 19–41. Angekündigt ist auch seit länge-rem eine Napoleon-Biographie des in Mannheim lehrenden Frankreich-spezialisten Erich Pelzer.

[44] Vgl. Patrick Bahners: Das geheimnisvolle Deutschland. Napoleons Re-vanche: Heute wird in Berlin die Dauerausstellung des Deutschen Histo-rischen Museums eröffnet, in: Frankfurter Allgemeine Zeitung, 02.06. 2006, S. 33.

[45] Folgende Museen veranstalteten im Jubiläumsjahr der Schlacht von Jena und Auerstedt unter dem Titel „C'est la guerre. Napoleons Krieg in Thü-ringen" Ausstellungen zum Thema Napoleon: Museum für Thüringer Volkskunde Erfurt – „Das Fürstentum Erfurt und die Herrschaft des Großen Kaisers. Leben und Sterben in bewegter Zeit (1806–1814)"; Glockenmuseum Apolda – „Europäische Karikatur in napoleonischer Zeit"; Stadtmuseum Saalfeld – „Heldentod und Mahnung – Gefallen-denkmale im Kreis Saalfeld 1806–2006"; Stadtmuseum Weimar – „Zer-störung und Verstörung. Die Schlacht bei Jena 1806 als zivile Katastrophe und kulturelle Krise für die Stadt Weimar"; Stadtmuseum Gera – „Nach-mittags kam Bonaparte selbst mit seiner Garde in Gera an … Gera in na-poleonischer Zeit"; Neues Schloss – Bad Lobenstein – „Napoleonische Truppen 1806 im Reußischen Oberland und ihr Vermächtnis"; Stadtmu-seum Eisenberg – „Gewehre, Säbel, Schlachtfeldfunde Sammlung Robert Heyne, Neuengönna"; Wasserburg Kapellendorf – „Die Nacht allein ret-tet uns"; Heinrich-Schütz-Haus Bad Köstritz – „Bataille, Barreira und Battaglia - musikalische Schlachtengemälde von Franz I. bis Napoleon"; Stadtmuseum Jena – „Bürger, Bauern und Soldaten. Ziviles Leben wäh-rend der Schlacht bei Jena und Auerstedt 1806; Museum Wurtha-Farn-roda – „Napoleon und der Husarenstreich des Leutnants Hellwig"; Thü-

ringer Freilichtmuseum Hohenfelden – „Hohenfelden – ein Thüringisches Dorf unter Herrschaft Napoleons"; Museum Burg Posterstein – „Napoleon Bonaparte in zeitgenössischen Büchern"; Stiftung Schloss Friedenstein Gotha-Schlossmuseum – „Über Napoleon. Auf den Spuren des Kaisers der Franzosen in Gotha"; Thüringer Landesmuseum Heidecksburg Rudolstadt – „Heinrich Cotta (1791–1856)"; Museum Cospeda – Dauerausstellung zur Schlacht 1806.

[46] Vgl. u.a. Birgitt Hellmann (Hrsg.): Bürger, Bauern und Soldaten. Napoleons Krieg in Thüringen 1806 in Selbstzeugnissen, Briefe, Berichte, Erinnerungen (= Bausteine zur Jenaer Stadtgeschichte, Bd. 9), Weimar u.a. 2005; Horst Fleischer (Hrsg.): Napoleon oder Das Welttheater kommt nach Thüringen (= Kleine kulturgeschichtliche Reihe, Bd. 4), Rudolstadt 2002; Johann Traugott Leberecht Danz: Ansicht der Stadt Jena in den Octobertagen 1806, Jena 2006 [unveränderter Nachdruck von 1809]; Schuster: „Man lädt uns ein zum Stelldichein ..."; „Über Napoleon..." – Auf den Spuren des Kaisers der Franzosen in Gotha. Eine Ausstellung der Stiftung Schloss Friedenstein Gotha zum Deutsch-Französischen Jahr 2006 (Ausstellungskatalog), hrsg. von der Stiftung Schloss Friedenstein Gotha, Gotha 2006.

[47] Allein an der Friedrich-Schiller-Universität liefen im Sommersemester 2006 zum Thema „Jena 1806" gleich drei Veranstaltungen: Vortragsreihe des Studium Generale: „Jena 1806"; Vorlesung des Instituts für Romanistik: „1806 – Ein europäischer Umbruch und seine kulturellen Folgen"; Ringvorlesung des Historischen Instituts: „Jena 1806 – Ereignis – Wirkung – Erinnerung".

[48] Vgl. u.a.: „Jena und Auerstedt. Ereignis und Erinnerung in europäischer, nationaler und regionaler Perspektive", 5. Tagung zu Erinnerungslandschaften in Mitteldeutschland, Naumburg 16.–18. Juni 2006; „Zäsur 1806? Balance, Hegemonie und politische Kulturen", Tagung des Sonderforschungsbereiches 482: Ereignis Weimar-Jena. Kultur um 1800, Jena 11.–14. Oktober 2006.

[49] Heinrich von Treitschke: Deutsche Geschichte im Neunzehnten Jahrhundert, Bd. 2: Bis zu den Karlsbader Beschlüssen, 5. Aufl. 1897, S. 397.

[50] Ebenda, S. 395.

[51] Vgl. Hans Herz: Wirtschaftliche und politische Verhältnisse in den Territorialstaaten während der Übergangsperiode vom Feudalismus zum Kapitalismus (1525–1789), in: Wissenschaftliche Zeitschrift der Friedrich-Schiller-Universität Jena, Gesellschaftswissenschaftliche Reihe, 35 (1986), H. 6, S. 599 f.

[52] Vgl. Friedrich Facius: Zwischen Souveränität und Mediatisierung. Das Existenzproblem der thüringischen Kleinstaaten von 1806 bis 1813, in: Peter Berglar (Hrsg.): Staat und Gesellschaft im Zeitalter Goethes, Köln/Wien 1977, S. 163–205.

[53] Grundsätzlich dazu vgl. Herbert Grundmann (Hrsg.): Gebhardt. Handbuch der deutschen Geschichte, Bd. 2: Von der Reformation bis zum Ende

des Absolutismus, Stuttgart 1970, S. 195 ff.

[54] Für Sachsen-Weimar vgl. dazu Felix Pischel: Die Entwicklung der Zentralverwaltung in Sachsen-Weimar bis 1743, in: ZVThGA, 28 (NF, 20) (1911), S. 237-305; 29 (NF, 21) (1913), S. 125–170.

[55] Zur Organisation der inneren Verwaltung in den thüringischen Staaten vgl. Ulrich Heß: Geschichte der Behördenorganisation der thüringischen Staaten und des Landes Thüringen von der Mitte des 16. Jahrhunderts bis zum Jahr 1952 (= Veröffentlichungen der Historischen Kommission für Thüringen, Kleine Reihe, Bd.1), Jena 1993; ders.: Geheimer Rat und Kabinett in den ernestinischen Staaten Thüringens. Organisation, Geschäftsgang und Personalgeschichte der obersten Regierungssphäre im Zeitalter des Absolutismus, Weimar 1962; Kurt G. A. Jeserich/Hans Pohl/Georg-Christoph von Unruh (Hrsg.): Deutsche Verwaltungsgeschichte, Bd. 1: Vom Spätmittelalter bis zum Ende des Reiches, Stuttgart 1983, S. 851 ff.; Bd. 2: Vom Reichsdeputationshauptschluß bis zur Auflösung des Deutschen Bundes, Stuttgart 1983, S. 638 ff.; Thomas Klein (Hrsg.): Grundriß zur deutschen Verwaltungsgeschichte 1815–1945, Reihe B, Bd. 15: Thüringen, Marburg 1983.

[56] Vgl. Hans Patze/Walter Schlesinger (Hrsg.): Geschichte Thüringens, Bd. 5, 1. Teil, 1. Teilbd.: Politische Geschichte in der Neuzeit, Köln/Wien 1982, S. 251 ff.; Bd. 5, 1. Teil, 2. Teilbd.: Poltische Geschichte in der Neuzeit, Köln/Wien 1984, S. 617 ff.; Georg Mentz: Weimarische Staats- und Regentengeschichte vom Westfälischen Frieden bis zum Regierungsantritt Carl Augusts (= Carl August. Darstellungen und Briefe zur Geschichte des Weimarischen Fürstenhauses und Landes, I. Abt.), Jena 1936; Heß: Geheimer Rat und Kabinett, S. 168 ff.

[57] Vgl. Marcus Ventzke: Das Herzogtum Sachsen-Weimar-Eisenach 1775–1783. Ein Modellfall aufgeklärter Herrschaft?, Köln/Weimar/Wien 2004.

[58] Vgl. Otto Bessenrodt: Die äußere Politik der thüringischen Staaten von 1806–1815, 2. Aufl. Mühlhausen 1925, S. 8 ff.

[59] Hermann von Schulze-Gävernitz: Großherzog Karl August als Fürst und deutscher Patriot, Heidelberg 1888, S. 15.

[60] Vgl. Walter Müller: Die Kriegsleiden und Kriegskosten des Herzogtums Sachsen-Weimar-Eisenach von 1806 bis 1814. Eine gleichzeitige geschichtliche Aufzeichnung des späteren weimarischen Ministers Carl Wilhelm Freiherrn von Fritsch, in: ZVThGA, 30 (NF, 22) (1915), S. 203–212.

[61] Vgl. Patze/Schlesinger (Hrsg.): Geschichte Thüringens, Bd. 5, 1. Teil, 1. Teilbd., S. 388 ff.; Bd. 5, 1. Teil, 2. Teilbd., S. 673 ff; August Beck: Geschichte der Regenten des gothaischen Landes (= Geschichte des Gothaischen Landes, Bd. 1), Gotha 1868; Heß: Geheimer Rat und Kabinett, S. 207 ff.

[62] Vgl. Werner Greiling/Andreas Klinger/Christoph Köhler (Hrsg.): Ernst II. von Sachsen-Gotha-Altenburg. Ein Herrscher im Zeitalter der Aufklärung (= Veröffentlichungen der Historischen Kommission für Thüringen, Kleine Reihe: Bd. 15), Köln/Weimar/Wien 2005.

[63] Zu den Ausgangsbedingungen vgl. Friedrich Facius: Staat, Verwaltung und Wirtschaft in Sachsen-Gotha unter Herzog Friedrich II. (1691–1732). Eine Studie zur Geschichte des Barockfürstentums in Thüringen, Gotha 1932, S. 23 ff. Vgl. auch Heß: Geschichte der Behördenorganisation, S. 35 ff.

[64] Vgl. Albert Klebe: Gotha und die umliegende Gegend, Gotha 1796; Werner Greiling: Presse und Öffentlichkeit in Thüringen, S. 425 ff.

[65] Vgl. Bessenrodt: Die äußere Politik der thüringischen Staaten, S. 35.

[66] Vgl. ebenda, S. 24 ff.

[67] Vgl. „Über Napoleon…". Auf den Spuren des Kaisers der Franzosen in Gotha, S. 36.

[68] Vgl. Ludwig Hertel: Meiningische Geschichte von 1680 bis zur Gegenwart. Erste Hälfte: Bis zum Regierungsantritt Herzog Bernhards II. (1821), in: SchVSMG, 47. Heft, Hildburghausen 1904, S. 183–318; Patze/Schlesinger (Hrsg.): Geschichte Thüringens, Bd. 5, 1. Teil, 1. Teilbd., S. 455 ff.; Bd. 5, 1. Teil, 2. Teilbd., S. 706 ff.; Heß: Geheimer Rat und Kabinett, S. 120 ff. und S. 195 ff.

[69] Vgl. Heß: Geschichte der Behördenorganisation, S. 42 ff.

[70] Vgl. Bessenrodt: Die äußere Politik der thüringischen Staaten, S. 27 ff.

[71] Vgl. Patze/Schlesinger (Hrsg.): Geschichte Thüringens, Bd. 5, 1. Teil, 1. Teilbd., S. 443 ff. und S. 526 ff.; Bd. 5, 1. Teil, 2. Teilbd., S. 697 ff.; Heß: Geheimer Rat und Kabinett, S. 102 ff. und S. 215 ff.

[72] Vgl. Gerhard Heyl: Die Zentralbehörden in Sachsen-Coburg 1572–1633, in: JbCL, 6 (1961), S. 33-116; Otto Mutzbacher: Die Behördenorganisation des Herzogtums Coburg im 19. Jahrhundert, in: JbCL, 3 (1958), S. 13–58; Heß: Geschichte der Behördenorganisation, S. 39 ff.

[73] Vgl. Mutzbacher: Die Behördenorganisation des Her-zogtums Coburg im 19. Jahrhundert, S. 13 ff.; Klaus Freiherr von Andrian-Werburg: Der Minister v. Kretschmann. Versuch einer Staatsorganisation in Sachsen-Coburg-Saalfeld, in: JbCL, 10 (1965), S. 27–88.

[74] Vgl. Bessenrodt: Die äußere Politik der thüringischen Staaten, S. 27 ff., bes. S. 29 f. und S. 39 f.

[75] Vgl. Patze/Schlesinger (Hrsg.): Geschichte Thüringens, Bd. 5, 1. Teil, 1. Teilbd., S. 502 ff.; Bd. 5, 1. Teil, 2. Teilbd., S. 718 ff.; Heß: Geheimer Rat und Kabinett, S. 123 ff. und S. 218 ff.; Heß: Geschichte der Behördenorganisation, S. 44 f.

[76] Vgl. Ludwig Hertel: Geschichte des Fürstenhauses Sachsen-Hildburghausen. 1680-1826, in: SchVSMG, 51. Heft, Hildburghausen 1905, S. 451–463.

[77] Vgl. Ulrich Heß: Geschichte der Staatsbehörden in Schwarzburg-Rudolstadt (= Veröffentlichungen der Historischen Kommission für Thüringen, Große Reihe: Bd. 2), Jena/Stuttgart 1994, S. 1–51; Patze/Schlesinger (Hrsg.): Geschichte Thüringens, Bd. 5, 1. Teil, 1. Teilbd., S. 552 ff.; Bd. 5, 1. Teil, 2. Teilbd., S. 722 ff.; Klein (Hrsg.): Grundriß der deutschen Verwaltungsgeschichte 1815–1945, S. 272 ff.

[78] Vgl. Heß: Geschichte der Staatsbehörden in Schwarzburg-Rudolstadt, S. 16 ff.

[79] Vgl. Ermentrude von Ranke: Das Fürstentum Schwarzburg-Rudolstadt zu Beginn des 18. Jahrhunderts, Diss. phil., Halle 1915.

[80] Vgl. Bessenrodt: Die äußere Politik der thüringischen Staaten, S. 27 ff. und S. 48 f.; Ernst Rudolf Huber: Deutsche Verfassungsgeschichte seit 1789, Bd. 1: Reform und Restauration 1789-1830, 2. Aufl. Stuttgart u.a. 1960, S. 75–91, bes. S. 76 ff.

[81] Vgl. Patze/Schlesinger (Hrsg.): Geschichte Thüringens, Bd. 5, 1. Teil, 1. Teilbd., S. 552 ff.; Bd. 5, 1. Teil, 2. Teilbd., S. 722 ff.; Klein (Hrsg.): Grundriß der deutschen Verwaltungsgeschichte 1815–1945, S. 254 ff.

[82] Vgl. Heß: Geschichte der Behördenorganisation, S. 45 ff.

[83] Vgl. Bessenrodt: Die äußere Politik der thüringischen Staaten, S. 48.

[84] Willy Flach: Die staatliche Entwicklung Thüringens in der Neuzeit, in: ZVTHGA, 43 (NF, 35) (1941), S. 21.

[85] Vgl. Patze/Schlesinger (Hrsg.): Geschichte Thüringens, Bd. 5, 1. Teil, 1. Teilbd., S. 561 ff.; Bd. 5, 1. Teil, 2. Teilbd., S. 730 ff.

[86] Vgl. auch Julius Gaul: Beiträge zur Landeskunde des Fürstentums Reuß ält. Linie, Diss. phil., Halle 1900.

[87] Vgl. Heß: Geschichte der Behördenorganisation, S. 50 f.

[88] Vgl. Bessenrodt: Die äußere Politik der thüringischen Staaten, S. 27 ff. und S. 48 f.; Huber: Deutsche Verfassungsgeschichte seit 1789, Bd. 1, S. 75–91, bes. S. 76 ff.

[89] Vgl. Patze/Schlesinger (Hrsg.): Geschichte Thüringens, Bd. 5, 1. Teil, 1. Teilbd., S. 561 ff.; Bd. 5, 1. Teil, 2. Teilbd., S. 730 ff.

[90] Vgl. Heß: Geschichte der Behördenorganisation, S. 50 ff.

[91] Vgl. Jürgen John: Erfurt als Zentralort, Residenz und Hauptstadt, in: ZVThG, 46 (1992), S. 65–94.

[92] Vgl. Bernd Blisch: Der Mainzer Kurstaat am Vorabend der Französischen Revolution. Friedrich Carl Joseph von Erthal und sein politisches Programm, in: Die Mainzer Republik. Der Rheinisch-Deutsche Nationalkonvent, hrsg. vom Landtag Rheinland-Pfalz, Mainz 1993, S. 59–66.

[93] Vgl. Klaus Rob: Karl Theodor von Dalberg (1744–1817). Eine politische Biographie für die Jahre 1744-1806, Frankfurt am Main u.a. 1984, bes. S. 88 ff.

[94] Vgl. Klaus-Dieter Kaiser: Erfurt, Napoleon und Preußen 1802 bis 1816 (= Kleine Schriften des Vereins für die Geschichte und Altertumskunde von Erfurt, Bd. VI), Erfurt 2002, S. 77 ff.

[95] Vgl. Kapitel 8.

[96] Vgl. Patze/Schlesinger (Hrsg.): Geschichte Thüringens, Bd. 5, 1. Teil, 2. Teilbd., S. 772–774; Hans Patze/-Peter Aufgebauer (Hrsg.): Thüringen (= Handbuch der historischen Stätten Deutschlands, Bd. 9), 2. Aufl. Stuttgart 1989, S. 286–295 und S. 305–314.

[97] Vgl. Anm. 49.

[98] Konrad Scheurmann/Jördis Frank (Hrsg.): Neu Entdeckt. Thüringen –

Land der Residenzen [1485–1918], Ausstellungskatalog zur 2. Thüringer Landesausstellung Schloss Sondershausen, 15. Mai–3. Oktober 2004, Mainz am Rhein 2004.

[99] Germaine de Staël: Über Deutschland, hrsg. von Anna Mudry, Berlin 1989, S. 57.

[100] Allgemeine Zeitung, Nr. 294 vom 21.10. 1806, Sp. 1175.

[101] Allgemeine Zeitung, Nr. 296 vom 23.10. 1806, Sp. 1183.

[102] Vgl. Elisabeth Fehrenbach: Vom Ancien Regime zum Wiener Kongress (= Oldenbourg Grundriss der Geschichte, Bd. 12), 4. Aufl. München 2004, S. 42–54; Jean Tulard: Frankreich im Zeitalter der Revolutionen 1789–1851 (= Geschichte Frankreichs, Bd. 4), Stuttgart 1989, S. 189–219.

[103] Vgl. hierzu auch die Korrespondenzen (Ablehnung des Ultimatums, Kriegserklärung) zwischen Napoleon I. und Friedrich Wilhelm III. von Preußen, in: Hellmann (Hrsg.): Bürger, Bauern und Soldaten, S. 63–66.

[104] Vgl. Gerhard Werner (Hrsg.): Prinz Louis Ferdinand von Preußen und das Gefecht bei Saalfeld am 10. Oktober 1806, Saalfeld 1996.

[105] Zur Schlacht bei Jena und Auerstedt vgl. Eduard Leidolph: Die Schlacht bei Jena, Jena 1926; Günter Steiger: Die Schlacht bei Jena und Auerstedt 1806, 2. Aufl. Rudolstadt 1994. Detaillierte Informationen über die Truppenbewegungen und das militärische Geschehen im Vorfeld der Schlacht von Jena und Auerstedt bietet: Wolf-Jörg Schuster: Man lädt uns ein zum Stelldichein. Napoleon in Thüringen 1806, Jena 1993. Zur Kräftekonstellation und zum Verlauf der Schlacht am 14. Oktober 1806 vgl. Gerd Fesser: Jena und Auerstedt. Der preussisch-französische Krieg von 1806/07, Jena 1996. Detailliertes Kartenmaterial zu den einzelnen Schlachten vgl. Karl-Horst Bichler: Napoleons Krieg gegen Preußen und Sachsen 1806 (Saalfeld, Jena und Auerstedt). Reinbek 1998.

[106] Der Herzog von Braunschweig ist seinen Verletzungen am 10. November 1806 erlegen.

[107] Vgl. Steiger: Die Schlacht bei Jena und Auerstedt 1806, S. 60; vgl. Holger Nowak/Birgitt Hellmann/Günther Queisser/Gerd Fesser: Lexikon zur Schlacht bei Jena und Auerstedt 1806. Personen, Ereignisse, Begriffe, Jena 1996, S. 176–178.

[108] Vgl. Fleischer (Hrsg.): Napoleon oder Das Welttheater kommt nach Thüringen.

[109] Vgl. hierzu die sehr materialreiche Sammlung von Hellmann (Hrsg.): Bürger, Bauern und Soldaten.

[110] Vgl. Schuster: Man lädt uns ein zum Stelldichein, S. 93 f.

[111] Oskar von Hase: Das Aumaer Hasennest – Urheimatliches aus unserer Hauschronik, Leipzig 1913.

[112] Vgl. Aufzeichnungen des Fürsten Heinrich XLII. Reuß-Schleiz über den Aufenthalt Napoleons in Schleiz und die Durchzüge der französischen Armee 1806–1810, in: Berthold Schmidt (Hrsg.): Aus vergangenen Tagen des Reußenlandes und der Stadt Schleiz, Schleiz 1896.

[113] Vgl. Gertrud Paul: Die Schicksale der Stadt Jena und ihrer Umgebung in

den Oktobertagen 1806. Nach den Quellen dargestellt, Jena 1920, S. 12 ff.
[114] Vgl. ebenda, S. 15–18.
[115] Vgl. Holger Nowak u.a.: Lexikon zur Schlacht, S. 178.
[116] Danz: Ansicht der Stadt Jena in den Octobertagen 1806, S. 27.
[117] Ebenda, S. 30 f.
[118] Ebenda, S. 33.
[119] Ebenda, S. 37.
[120] Ebenda, S. 40.
[121] Ebenda, S. 44 f.
[122] Allgemeine Zeitung, Nr. 296 vom 23.10. 1806, Sp. 1183.
[123] Vgl. Greiling: Die Schlachten bei Jena und Auerstedt 1806 als thüringisches Medienereignis, in: Fesser/Jonscher (Hrsg.): Umbruch im Schatten Napoleons, S. 53–73.
[124] Intelligenzblatt zur Jenaischen Allgemeinen Literatur-Zeitung, Nr. 98 vom 27.10. 1806, Sp. 801.
[125] Neue privilegirte Geraische Zeitung, 157. Stück vom 17.10. 1806, S. 631.
[126] Neue privilegirte Geraische Zeitung, 158. Stück vom 20.10. 1806.
[127] Vgl. Privilegirte Gothaische Zeitung, Nr. 164 vom 14.10. 1806.
[128] Privilegirte Gothaische Zeitung, Nr. 165 vom 15.10. 1806.
[129] Privilegirte Gothaische Zeitung, Nr. 166 vom 16.10. 1806.
[130] Privilegirte Gothaische Zeitung, Nr. 167 vom 17.10. 1806.
[131] Privilegirte Gothaische Zeitung, Nr. 168 vom 21.10. 1806.
[132] Privilegirte Gothaische Zeitung, Nr. 169 vom 22.10. 1806.
[133] Allgemeinen Anzeiger, Nr. 285 vom 23.10. 1806, Sp. 3494.
[134] Neue privilegirte Geraische Zeitung, 158. Stück vom 20.10. 1806, S. 632.
[135] Ebenda, S. 635.
[136] Gemeinnützige Blätter für Freunde des Vaterlandes, 42. Stück vom 17.10. 1806, Sp. 662.
[137] Gemeinnützige Blätter für Freunde des Vaterlandes, 43. Stück vom 27.10. 1806, Sp. 665.
[138] Ebenda, Sp. 666.
[139] Ebenda, Sp. 668 f.
[140] Vgl. Gemeinnützige Blätter für Freunde des Vaterlandes, 44. Stück vom 31.10. 1806, Sp. 634 f.; 45. Stück vom 7.11. 1806, Sp. 696 ff.; 46. Stück vom 14.11. 1806, Sp. 715 f.
[141] National-Zeitung der Teutschen, 43. Stück vom 23.10. 1806, Sp. 893.
[142] National-Zeitung der Teutschen, 44. Stück vom 30.10. 1806, Sp. 919 f.
[143] Vom „Weimarischen Wochenblatt", das wöchentlich zweimal erschien, fehlen die Ausgaben vom 15. und 18.10. 1806. Auf die Nummer 82 vom 11.10. 1806 folgte erst am 22.10. 1806 die Nummer 83.
[144] Die „Jenaischen Wöchentlichen Anzeigen" erschienen ebenfalls zweimal pro Woche. Auf die Nummer 80 vom 10.10. 1806 folgte erst am 29.10. 1806 eine neue Ausgabe.
[145] Von den wöchentlich erscheinenden „Gemeinnützigen Blättern" für Schwarzburg fehlen nach der Nr. 42 vom 15.10. 1806 die Ausgaben vom

22. und 29. Oktober. In Nr. 43 vom 05.11. 1806 erschien dann die folgende redaktionelle Notiz: „Noch will ich bei dieser Gelegenheit bemerken, daß die am 22sten und 29sten Oktober durch die Troubeln des Krieges verhinderte, und durch einen Rückfall meiner Krankheit verursachte Nichtherausgabe zweier Nummern der Gem. Blätter, den Lesern nicht entzogen werden sollen."

[146] Vom „Rudolstädtischen Wochenblatt" mit einer Ausgabe pro Woche kam am 07.10. das 40. Stück und erst am 21.10. 1806 das 41. Stück heraus. Von dieser Nummer an fehlt in dem Blatt auch die bisherige Rubrik „Zeitungs-Auszug".

[147] Heinrich Karl Abraham Eichstädt an Johann Wolfgang Goethe vom 18.10. 1806, in: Paul: Die Schicksale der Stadt Jena und ihrer Umgebung in den Oktobertagen 1806, S. 39 f.

[148] Vom 13.10. bis 29.10. sind mit den Nummern 242 bis 256 turnusgemäß täglich (außer sonntags) Ausgaben der Jenaischen Allgemeinen Literatur-Zeitung erschienen. Die 257. Ausgabe ist dann auf den 01.11. 1806 datiert, einen Samstag.

[149] Vgl. Intelligenzblatt zur Jenaischen Allgemeinen Literatur-Zeitung, Nr. 101 vom 05.11. 1806, Sp. 831 f.: „Den Teilnehmern an der Jenaischen A.L.Z.

Wir haben zwar, nachdem die Ruhe nur einigermaßen bey uns hergestellt, nicht verabsäumt, die noch schuldigen Antwortschreiben an unsere Herren Mitarbeiter und andere Interessenten zu besorgen; vorzüglich sind vom 31. Oktober an, da die Expedition unserer Zeitung die in Nr. 98 des Intelligenzblattes enthaltene Nachricht über den unbehinderten Fortgang unseres Instituts und den Zustand der hiesigen Universität an die Hn. Recensenten fast in alle literarisch-bedeutende Städte Deutschlands versendete, die rückständig gebliebenen Antworten zugleich mit expedirt worden: so daß wir nunmehr keinen Brief unbeantwortet gelassen zu haben glauben. Indeß könnte es wohl seyn, daß, während der seitherigen Kriegsunruhen, mancher Brief nicht an uns, und mancher von uns erlassene nicht an die Behörde gekommen wäre. Den Herren Buchhändlern insbesondere müssen wir die Nachricht geben, daß seit dem 4 October von Leipzig aus kein Paquet, kein Brief, kein Bestellungs-Zettel zur Fracht an uns gelangt ist. Wir bitten daher ergebenst sowohl diejenigen, welche Briefe an uns auf die Post gegeben haben, deren Beantwortung sie noch erwarten, uns davon nochmals mit der Post gefälligst zu benachrichtigen, als auch die, welche durch ihre Leipziger Commissionäre, mittelst unseres dortigen Commissionärs, des Hn. Buchhändler Rein u. C., von dem angegebenen Zeitpunkt an, uns irgend etwas zugeschickt haben, entweder noch einige Zeit in Geduld zu stehen, oder, wofern die Sache dringend war, uns ebenfalls mit der Post Nachricht davon zu ertheilen. Jena, den 9 Nov. 1806. Das Directorium der Jen. A.L.Z." - Interessant hinsichtlich der redaktionellen Gepflogenheiten bei der „Jenaischen Allgemeinen Literatur-Zeitung" erscheint auch die Tatsache, dass die Mitteilung an die Teilnehmer des Blattes auf den 9. November datiert, aber bereits in die Nummer 101 vom 5. November 1806 eingerückt ist.

[150] Gemeinnützige Blätter für Schwarzburg, Nr. 46 vom 19.11. 1806, S. 361 f.

[151] Privilegirte Gothaische Zeitung, Nr. 169 vom 22.10. 1806.

[152] Neue privilegirte Geraische Zeitung, 157. Stück vom 17.10. 1806, S. 631.

[153] Gemeinnützige Blätter für Freunde des Vaterlandes, 43. Stück vom 27.10. 1806, Sp. 669.

[154] Zeitungsnachrichten zum Boten aus Thüringen, 1806, Nr. 44, S. 347. In der folgenden Ausgabe publizierte das Blatt nochmals „einige Umstände aus der Schlacht die am 14. October zwischen Jena, Weimar und Auerstedt geliefert wurde". Vgl. Zeitungsnachrichten zum Boten aus Thüringen, Nr. 45, S. 353 f.

[155] Allgemeine Anzeiger der Deutschen, Nr. 294 vom 1.11. 1806, Sp. 3561.

[156] Vgl. National-Zeitung der Teutschen, 44. Stück vom 30.10. 1806, Sp. 919.

[157] Weimarisches Wochenblatt, Nr. 86 vom 01.11. 1806, S. 339.

[158] Privilegirte Gothaische Zeitung, Nr. 173 vom 29.10. 1806.

[159] Vgl. Arnstädtische wöchentliche Anzeigen und Nachrichten, 46. Stück vom 15.11. 1806, S. 369 ff; Gemeinnützige Blätter für Schwarzburg, Nr. 47 vom 19.11. 1806, S. 369–371; Wöchentliches Frankenhäusisches Intelligenzblatt, 47. Stück vom 24.11. 1806, Sp. 742–748; Rudolstädtisches Wochenblatt, 46. und 47. Stück vom 25.11. 1806, S. 181 f.

[160] Jenaische Wöchentliche Anzeigen, Nr. 83 vom 05.11. 1806. Vgl. auch Intelligenzblatt zur Jenaischen Allgemeinen Literatur-Zeitung, Nr. 98 vom 27.10. 1806, Sp. 805–808; Weimarisches Wochenblatt, Nr. 85 vom 29.10. 1806; Allgemeiner Anzeiger der Deutschen, Nr. 294 vom 01.11. 1806; Eisenachische Nachrichten vom 05.11. 1806; Gemeinnützige Blätter für Freunde des Vaterlandes, 46. Stück vom 14.11. 1806, Sp. 713 f.

[161] Gnädigst privilegirte Arnstädtische Zeitung, nebst wöchentlichen Anzeigen und Nachrichten, 42. Woche, 22.10. 1806, S. 341.

[162] Gemeinnützige Blätter für Freunde des Vaterlandes, 43. Stück vom 27.10. 1806, Sp. 670 f.

[163] Vgl. die Kapitel 4 und 5.

[164] Vgl. u.a. Friedrich Schulze (Hrsg.): Weimar in den Freiheitskriegen, Bd. 3: Weimarische Berichte und Briefe aus den Freiheitskriegen 1806–1815, Leipzig 1913; Willy Andreas (Hrsg.): Politischer Briefwechsel des Herzogs und Großherzogs Carl August von Weimar, Bd. 2: Vom Beginn der Revolutionskriege bis in die Rheinbundszeit 1791–1807 (= Quellen zur deutschen Geschichte des 19. und 20. Jahrhunderts, Bd. 38), Stuttgart 1958, S. 330 ff.; Hans-Bernd Spies (Hrsg.): Die Erhebung gegen Napoleon 1806–1814/15 (= Quellen zum politischen Denken der Deutschen im 19. und 20. Jahrhundert. Freiherr vom Stein-Gedächtnisausgabe, Bd. 2), Darmstadt 1981.

[165] Privilegirte Gothaische Zeitung, Nr. 170 vom 23.10. 1806.

[166] Vgl. u.a. Allgemeiner Anzeiger, Nr. 299 vom 06.11. 1806, Sp. 3605; Rudolstädtisches Wochenblatt, 41. Stück vom 21.10. 1806, S. 161; Gnädigst

privilegirtes Greizer Intelligenzblatt, Nr. 43 vom 24.10. 1806, S. 170.

[167] Allgemeiner Anzeiger, Nr. 299 vom 6.11. 1806, Sp. 3603 f. Ein nur unwesentlich modifizierter Nachdruck dieses Textes in: Gemeinnützige Blätter für Freunde des Vaterlandes, 47. Stück vom 21.11. 1806, Sp. 729.

[168] Allgemeiner Anzeiger, Nr. 319 vom 26.11. 1806, Sp. 3780.

[169] Arnstädtische Zeitung, 44. Woche, 05.11. 1806, S. 357.

[170] Privilegirte Gothaische Zeitung, Nr. 170 vom 23.10. 1806.

[171] Eisenachische Nachrichten, 05.11. 1806, S. 380.

[172] Weimarisches Wochenblatt, Nr. 86 vom 01.11. 1806, S. 359.

[173] Weimarisches Wochenblatt, Nr. 85 vom 29.10. 1806, S. 355.

[174] Ueber Vertheilung der Einquartierungen, in: Allgemeiner Anzeiger, Nr. 305 vom 12.11. 1806, Sp. 3650–3654, hier Sp. 3651.

[175] Allgemeiner Anzeiger, Nr. 305 vom 12.11. 1806, Sp. 3654.

[176] Weimarisches Wochenblatt, Nr. 83 vom 22.10. 1806.

[177] Vgl. Hans Boldt (Hrsg.): Reich und Länder. Texte zu deutschen Verfassungsgeschichte im 19. und 20. Jahrhundert, München 1987, S. 59–61; der Original-Text der Rheinbundakte, auf Französisch verfasst: S. 62–72.

[178] Zur Geschichte des Rheinbunds vgl. u.a. Fehrenbach: Vom Ancien Régime zum Wiener Kongress, S. 82–94 und S. 213–227; Helmut Berding/Hans-Peter Ullmann (Hrsg.): Deutschland zwischen Revolution und Restauration, Königstein 1981; Nipperdey: Deutsche Geschichte 1800–1866, S. 13 ff.; Hans-Ulrich Wehler: Deutsche Gesellschaftsgeschichte, Bd. 1: Vom Feudalismus des Alten Reiches bis zur defensiven Modernisierung der Reformära 1700–1815, München 1987, S. 365 ff.

[179] Vgl. Bessenrodt: Die äußere Politik der thüringischen Staaten, S. 12–24.

[180] Wilhelm Ernst Friedrich von Wolzogen an Carl August vom 17.10. 1806, in: Politischer Briefwechsel des Herzogs und Großherzogs Carl August von Weimar. Hrsg. von Hans Tümmler, Bd. 2, Stuttgart 1958, S. 336.

[181] Vgl. den Abdruck in ebenda, S. 339.

[182] Vgl. ebenda, S. 27 f. Bessenrodt weist darauf hin, dass die Forderungen an Coburg und Meiningen am 13.11. 1806 sogar noch erhöht wurden.

[183] Vgl. Hermann Ortloff: Die Verfassungsentwicklung im Großherzogtum Sachsen-Weimar-Eisenach, in: ZVThGA, 2. Beiheft, Jena 1907, S. 7 ff.

[184] Vgl. Bessenrodt: Die äußere Politik der thüringischen Staaten, S. 36 ff.

[185] Vgl. ebenda, S. 38 f.

[186] Vgl. Uta Wallstein: Napoleon und Gotha, in: „Über Napoleon…". Auf den Spuren des Kaisers der Franzosen in Gotha, S. 36–38.

[187] Vgl. auch Johannes Trefftz: Das 4. Rheinbundregiment Herzöge von Sachsen im Feldzug 1813, in: ZVThGA, 24 (1905/06), S. 35–65.

[188] Vgl. Bruno von Germar: Napoleon I. und Karl August von Weimar, Ruhla [o.D.], S. 19.

[189] Vgl. ebenda, S. 38.

[190] Vgl. Wallstein: Napoleon und Gotha, S. 40.

[191] Vgl. den Bericht im Gothaer Fourierbuch, zit. bei Wallstein: Napoleon und Gotha, S. 33 f.

[192] Vgl. Kapitel 8.

[193] Vgl. Rudolph Zacharias Becker: Rückblicke auf die Jahre 1812 und 1813, in: National-Zeitung der Deutschen, 1. Stück vom 06.01. 1814, Sp. 5–24. Zu Becker vgl. Ursula Tölle: Rudolph Zacharias Becker. Versuche der Volksaufklärung im 18. Jahrhundert in Deutschland (= Internationale Hochschulschriften, Bd. 124), Münster/New York 1994, bes. S. 93–121.

[194] Privilegierte Gothaische Zeitung, Nr. 68 vom 29.04. 1813.

[195] Vgl. Kaiser: Erfurt, Napoleon und Preußen 1802 bis 1816, S, 77 ff.

[196] Karl Bertuch: Weimar und Erfurt im September und October 1808, Erster Brief vom 27.09. 1808, in: Journal des Luxus und der Moden, (23) 1808, S. 724.

[197] Vgl. Bessenrodt: Die äußere Politik der thüringischen Staaten, S. 55.

[198] Vgl. Kaiser: Erfurt, Napoleon und Preußen 1802 bis 1816, S. 86–93.

[199] Vgl. Karl Bertuch: Weimar und Erfurt im September und October 1808, Zweiter Brief vom 28.09. 1808, in: Journal des Luxus und der Moden, (23) 1808, S. 730 ff.

[200] Vgl. u.a. Hans Tümmler: „Goethes Unterredung mit Napoleon" im Rahmen der Weimarischen Politik auf dem Erfurter Fürstenkongreß von 1808, in: ders.: Das klassische Weimar und das große Zeitgeschehen (= Mitteldeutsche Forschungen, Bd. 78), Köln/Wien 1975, S. 61–80; Pierre Grappin: Goethe und Napoleon, in: Goethe-Jahrbuch, 107 (1990), S. 71–80; Gonthier-Louis Fink: Goethe und Napoleon, in: Ebenda, S. 81–101.

[201] Johann Wolfgang von Goethe: Unterredung mit Napoleon, in: ders.: Werke. Hamburger Ausgabe in 14 Bänden, Bd. 10, München 1994, S. 543–547, hier S. 544 f.

[202] Vgl. Bessenrodt: Die äußere Politik der thüringischen Staaten, S. 50–59; Kaiser: Erfurt, Napoleon und Preußen 1802 bis 1816, S. 86–93.

[203] Vgl. Gerhard Müller: Vision einer Zeitenwende. Die erste Jubiläumsfeier der Schlacht bei Jena am 7. Oktober 1808, in: Birgitt Hellmann (Hrsg.): Jubiläen in Jena, Weimar/Jena 2005, S. 39–66, hier S. 45 f.

[204] Ernst Devrient: Jenas Verluste in den Oktobertagen 1806 und die dafür gezahlten Entschädigungen. Aus unveröffentlichten Quellen mitgeteilt, in: Die Schlacht bei Jena 1806. Katalog der Hundertjahr-Ausstellung im Städtischen Museum zu Jena, Jena 1906, S. 86.

[205] Karl Bertuch: Weimar und Erfurt im September und October 1808, Fünfter Brief vom 07.10. 1808, in: Journal des Luxus und der Moden, 23 (1808), S. 758.

[206] Zum Folgenden vgl. Müller: Vision einer Zeitenwende, S. 39–42.

[207] Vgl. Beschreibung der Feierlichkeiten, welche bei Anwesenheit von Ihro Majestäten der Kaiser Alexander und Napoleon und mehrerer gekrönten Häupter in Weimar und Jena am 6ten und 7ten October 1808 von Sr. Durchlaucht dem Herzoge Carl August von Sachsen-Weimar veranstaltet wurden, Weimar 1809. Vgl. außerdem die Festberichte in: Journal des Luxus und der Moden, 23 (1808), S. 758–761; Intelligenzblatt der Jenaischen Allgemeinen Literatur-Zeitung, Nr. 1 vom 02.01. 1809, Sp. 1–6.

[208] Vgl. Intelligenzblatt der Jenaischen Allgemeinen Literatur-Zeitung, Nr. 1 vom 02.01. 1809, Sp. 3–4; Journal des Luxus und der Moden, 23 (1808), S. 758.

[209] Vgl. den Kupferstich von Christian Gottfried Heinrich Geißler, zuerst veröffentlicht in der offiziösen Denkschrift: Beschreibung der Feierlichkeiten.

[210] Das Donationsdekret Napoleons vom 12. Oktober 1808 ist abgedruckt in: Intelligenzblatt der Jenaischen Allgemeinen Literatur-Zeitung, Nr. 1 vom 02.01. 1809, Sp. 7–8.

[211] Vgl. Friedrich Facius: Napoleon und die Hasenjagd bei Apolda am 7. Oktober 1808, in: ZVThGA, 45 (1943), S. 336–351.

[212] Karl Bertuch: Weimar und Erfurt im September und October 1808, Sechster Brief vom 13.10. 1808, in: Journal des Luxus und der Moden, (23) 1808, S. 869.

[213] Karl von Stein an Fritz von Stein vom 13.10. 1808, in: Fleischer (Hrsg.): Napoleon oder Das Welttheater kommt nach Thüringen, S. 110.

[214] Karl August Varnhagen von Ense: Denkwürdigkeiten des eignen Lebens, hrsg. von Konrad Feilchenfeldt, Bd. 1, (1785–1810) (= Bibliothek deutscher Klassiker, Bd. 22), Frankfurt am Main 1987, S. 181.

[215] Lebensbeschreibung des General Buonaparte übersetzt aus dem Französischen, Paris im 5ten Jahre der Republik, S. 47. Die Schrift wird Johann Adam Bergk zugeschrieben.

[216] Aufrichtig-Deutsche Volks-Zeitung, 1. Stück vom 04.07. 1797, Sp. 11.

[217] Aufrichtig-Deutsche Volks-Zeitung, 43. Stück vom 28.11. 1797, Sp. 677–679, hier Sp. 677.

[218] Vgl. Revolutions-Almanach von 1798, Göttingen 1797, Frontispiz.

[219] Vgl. Privilegirte Gothaische Zeitung, Nr. 185 vom 19. 11. 1799, unpag.

[220] Vgl. Privilegirte Gothaische Zeitung, Nr. 186 vom 20.11. 1799; Nr. 187 vom 21.11. 1799; Nr. 188 vom 22.11. 1799.

[221] Vgl. Hildburghäusisches Wochenblatt, Nr. 48 vom 21.11. 1799, S. 195 f.

[222] Vgl. Jenaische Wöchentliche Anzeigen, Nr. 92 vom 20.11. 1799, S. 341 f.

[223] Neues Mühlhäusisches Obrigkeitlich privilegirtes Wochenblatt, 47. Stück vom 23.11. 1799, Sp. 736 f.

[224] National-Zeitung der Teutschen, 47. Stück vom 21.11. 1799, Sp. 1046.

[225] Aufrichtig-Deutsche Volks-Zeitung, 42. Stück vom 22.11. 1799, Sp. 668.

[226] Weimarische Wöchentliche Frag- und Anzeigen, Nr. 95 vom 27.11. 1799, S. 384.

[227] Heinrich August Ottokar Reichard: Bonaparte. Mann des Glücks – und Obskurant, in: Revolutions-Almanach von 1801, Göttingen 1801, S. 131.

[228] Ebenda, S. 132.

[229] Vgl. Johann Daniel Ernst Bornschein: Leben und Thaten des General Bonaparte, Gera/Leipzig 1802.

[230] Vgl. ders.: Geschichte der französischen Republik: vom Anfang der Revolution bis zur projektirten Landung in England, Eisenberg 1804.

[231] Vgl. ders.: Historisches Gemälde des Französischen Kaiserthums unter seinem Gründer Napoleon dem Großen: Für nicht gelehrte, aber gebilde-

te Liebhaber der Geschichte, Leipzig 1807. Vgl. auch ders.: Geschichte des Kriegs der Drey Kaiser und ihrer Verbündeten: im Jahre 1805, Gera/ Eisenberg 1806; ders.: Geschichte der merkwürdigsten Ereignisse in den Jahren 1806, 7, 8, 9 und 10, oder: Kaiser Napoleon an der Weichsel, dem Tajo und Inn, Gera/Eisenberg 1810.

[232] Vgl. Werner Greiling (Hrsg.): Napoleon Bonaparte und das französische Volk unter seinem Konsulate, Leipzig 1993.

[233] [Johann Wolfgang von Goethe]: Rezension zu: Napoleon Bonaparte und das französische Volk unter seinem Consulate. 1804, in: Allgemeine Literatur-Zeitung, Nr. 96 vom 28.03. 1804, Sp. 761–766.

[234] Vgl. Christian Deuling: Die Karikaturen und ihre Erklärungen in der Zeitschrift „London und Paris" (1798–1815), Magisterarbeit (MS), Jena 2002; Wolfgang Cilleßen/Rolf Reichardt (Hrsg.): London und Paris. Ausstellungskatalog (im Druck).

[235] Veröffentlicht in: London und Paris, Heft VII (1804). Offensichtlich kam die Ausgabe aber erst 1805 heraus, vgl. hierzu auch den Ausstellungskatalog: James Gillray 1757–1815. Meisterwerke der Karikatur, hrsg. von Herwig Guratzsch, überarb. u. abgeschlossen von Gerd Unverfehrt, Stuttgart 1986, S. 243.

[236] Max Hasse: James Gillray 1757–1815, in: Ebenda, S. 12–39, hier S. 36.

[237] Vgl. Julia Schmidt-Funke: Karl August Böttiger (1760–1835). Weltmann und Gelehrter, Heidelberg 2006.

[238] Michael Diers: Bertuchs Bilderwelt. Zur populären Ikonographie der Aufklärung, in: Gerhard R. Kaiser/Siegfried Seifert (Hrsg.): Friedrich Justin Bertuch (1747–1822). Verleger, Schriftsteller und Unternehmer im klassischen Weimar, Tübingen 2000, S. 433–445, hier S. 442.

[239] Vgl. Blicke auf Paris nach der Revolution vom 19. Brumaire, in: London und Paris, 2 (1799), 8. Stück, S. 328 ff.

[240] Vgl. Ueber Sieyès, in: London und Paris, 3 (1800), 1. Stück, S. 56 ff.; Blicke auf das Privatleben der Konsuln Cambaceres und Le Brun, in: London und Paris, 3 (1800), 6. Stück, S. 125 ff.

[241] Blicke auf Paris nach der Revolution vom 19. Brumaire, in: London und Paris, 2 (1799), 8. Stück, S. 328 f.

[242] Vgl. Schilderung der Feierlichkeiten bei der Kaiserkrönung in Paris, in: London und Paris, 7 (1804), 4. Stück, S. 349 ff.; Dankfest für Bonaparte's Erhebung zum Kaiserthron in der Hauptsynagoge zu Paris gefeiert, in: London und Paris, 7 (1804), 5. Stück, S. 42 ff.

[243] Georg Wilhelm Friedrich Hegel an Friedrich Immanuel Niethammer vom 13.10. 1806, in: Briefe von und an Hegel, hrsg. von Johannes Hoffmeister, Bd. 1: 1785-1812, 3. Aufl. Hamburg 1969, S. 120.

[244] Carl Ludwig von Knebel an Georg Wilhelm Friedrich Hegel, 07.10. 1808, zit. nach Kleßmann: Deutschland unter Napoleon in Augenzeugenberichten, S. 330.

[245] Vgl. hierzu Kapitel 6.

[246] Dies gilt für Befehle und Anordnungen der örtlichen Platzkommandanten

ebenso wie für Mitteilungen aus dem Generalstab. Vgl. etwa Eisenachische Nachrichten vom 08.11., 12.11., 15.11., 19.11., 22.11. und 26.11. 1806. Vgl. außerdem Kapitel 6.

[247] Privilegirte Gothaische Zeitung, Nr. 119 vom 28.07. 1807.

[248] Vgl. Gerd Unverfehrt: „Und sein erster Anblick erschüttert!", in: Scheffler/Scheffler: So zerstieben getraeumte Weltreiche, S. 33–43.

[249] Zit. nach Kleßmann: Deutschland unter Napoleon, S. 151.

[250] Zit. nach Friedrich Schulze: Die Franzosenzeit in deutschen Landen 1806–1812. In Wort und Bild der Mitlebenden, Bd. 1, Leipzig 1908, S. 212 ff.

[251] Johann Wolfgang Goethe, Brief an Johann Friedrich Cotta vom 02.12. 1808, zit. nach Johann Wolfgang Goethe – Briefe, Tagebücher, Gespräche (= Digitale Bibliothek, Bd. 10), Berlin 1998, S. 9848.

[252] Johann Wolfgang Goethe, Gespräch mit Friedrich Wilhelm Riemer vom 03.02. 1807; zit. nach ebenda, S. 28577.

[253] Vgl. Kapitel 8.

[254] Karl Bertuch an die Leser des Modejournals am 28. September 1808, zit. nach Fleischer (Hrsg.): Napoleon oder Das Welttheater kommt nach Thüringen, S. 97–100.

[255] Zit. nach Unverfehrt: „Und sein erster Anblick erschüttert!", S. 38.

[256] Gemeinnützige Blätter für Freunde des Vaterlandes, 1. Stück vom 12.01. 1807, Sp. 6.

[257] Vgl. Gerhard Schuck: Rheinbundpatriotismus und politische Öffentlichkeit zwischen Aufklärung und Frühliberalismus. Kontinuitätsdenken und Diskontinuitätserfahrung in den Staatsrechts- und Verfassungsdebatten der Rheinbundpublizistik (= Frankfurter Historische Abhandlungen, Bd. 36), Stuttgart 1994.

[258] Vgl. Das Vaterland (Skizze), in: Gemeinnützige Blätter für Freunde des Vaterlandes, 41. Stück vom 07.10. 1808, Sp. 653 f.

[259] Vgl. hierzu Spies (Hrsg.): Die Erhebung gegen Napoleon 1806–1814/15.

[260] Vgl. Brockhaus: Die Firma F.A. Brockhaus von der Begründung bis zum hundertjährigen Jubiläum.

[261] Vgl. Karl Reiber: Die Deutschen Blätter von Brockhaus 1813–1816, Köln 1937; Deutsche Blätter, hrsg. von Friedrich Arnold Brockhaus (im Folgenden: DB), Nr. 17 vom 27.10. 1813, S. 136.

[262] Vgl. Brockhaus: Die Firma F.A. Brockhaus von der Begründung bis zum hundertjährigen Jubiläum, S. 26 f.

[263] Erklärung der Redaction der Deutschen Blätter, in: DB, Nr. 31 vom 13.11. 1813, S. 265–268, hier S. 265 f.

[264] Ebenda, S. 267.

[265] Ebenda, S. 268. Vgl. auch: Über die französischen Nachrichten, in: DB, Nr. 17 vom 27.10. 1813, S. 134–136; Nr. 18 vom 28.10. 1813, S. 138–140.

[266] Vgl. Heftige Canonade bei Leipzig am 16. Oct., in: DB, Nr. 3 vom 17.10. 1813; Vorläufige Berichte über die Schlachten vom 16.–18. Oct. bei Leipzig, in: DB, Nr. 5 vom 19.10. 1813; Vorläufiger Bericht von dem großen

Sieg der Alliirten bei Leipzig, in: DB, Nr. 7 vom 21.10. 1813.

[267] Vgl. Was ist (war) der rheinische Bund?, in: DB, Nr. 3, Nr. 4 und Nr. 6 vom 17.10., 18.10. und 20.10. 1813.

[268] DB, Nr. 54 vom 24.12. 1813. S. 623 f.

[269] Paris und Napoleon Bonaparte am letzten Tage des März im Jahre 1814, in: DB, Nr. 121 vom 23.04. 1814, S. 421 (Fußnote).

[270] Was kosten Frankreich Bonaparte's Verbrechen?, in: DB, Nr. 144 vom 14.06. 1814, S. 145–151, hier S. 150. Der Text folgt dem Artikel „The crimes of Buonaparte" aus der „Times", Nr. 9137 von 1814. Vgl. auch Napoleons Resignation, in: DB, Nr. 135 vom 24.05. 1814, S. 1–8.

[271] Vgl. hierzu auch Reiber: Die Deutschen Blätter, S. 28.

[272] Vgl. Scheffler/Scheffler: So zerstieben getraeumte Weltreiche, S. 134 f.

[273] Ebenda, S. 104 f.

[274] DB, NF (Neue Folge), 1815, 43. Stück, S. 535.

[275] Vgl. Scheffler/Scheffler: So zerstieben getraeumte Weltreiche, S. 166 f.

[276] Goethe im Gespräch mit einem preußischen Artillerieoffizier, Mitte Dezember 1813, zit. nach: Goethe – Briefe, Tagebücher, Gespräche, S. 29185.

[277] Heine, Heinrich: Ideen – Das Buch Le Grand, in: Heines Werke. In fünf Bänden, hrsg. von Helmut Holtzhauer, Bd. 3, Weimar 1956, S. 5–71, hier S. 37.

[278] Vgl. Emmanuel Las Cases: Mémorial de Saint-Hélène, ou journal ou se trouve consigné, jour par jour, ce qu'a dit et fait Napoléon durant dix-huit mois, Paris 1823. Die deutsche Übersetzung erschien noch im selben Jahr in Dresden unter dem Titel: Tagebuch über Napoleon's Leben, seit dessen Abdankung, am 15. Jun. 1815. Eine treue Übersetzung des Mémorial de Saint-Hélène.

[279] Vgl. Wilhelm Hauff: Bild des Kaisers, Nürnberg 1828; Christian Dietrich Grabbe: Napoleon oder Die hundert Tage. Ein Drama in fünf Aufzügen, Frankfurt am Main 1831.

[280] Christoph Gottlieb Steinbeck: Anzeige der Schrift „Der unglückliche Deutschfranzoß' oder die verwirrte Welt. Ein gar nützliches Buch, für den deutschen Bürger und Bauersmann.", in: ders.: Der aufrichtige Kalendermann. Ein gar kurioses und nützliches Buch. Für die Jugend und den gemeinen Bürger und Bauersmann, 3. Aufl. Gera 1794, unpag.

[281] Insofern trifft Nipperdeys Feststellung, dass „die Jahre zwischen 1806 und 1813 [...] die Geburtsjahre der nationalen Bewegung" seien, für Thüringen nur mit Einschränkungen zu. Vielmehr könnte man für diesen Zeitraum gewissermaßen von einer Inkubationsphase sprechen, der 1813/14 der volle Ausbruch des Nationalgefühls und Nationalismus folgte. Vgl. Nipperdey: Deutsche Geschichte 1800–1866, S. 303.

[282] Vgl. dazu Eckart Kleßmann (Hrsg.): Napoleons Rußlandfeldzug in Augenzeugenberichten, Düsseldorf 1964.

[283] Ernst Moritz Arndt: An die Preußen, zit. nach Spies (Hrsg.): Die Erhebung gegen Napoleon 1806–1814/15, S. 224.

[284] Ebenda, S. 228.

[285] [Johann Carl Müller]: Erfurt unter französischer Oberherrschaft vom 16. Oct. 1806 bis den 6. Jan. 1814. Ein actenmäßiges Gemälde der Leiden, Erpressungen, Misshandlungen und Betrügereien, die diese Provinz während den sieben Jahren erduldete, [Erfurt] 1814, Vorrede, unpag.

[286] DB, Nr. 121 vom 23.4. 1814, S. 421.

[287] Luise von Stein an Leopold von Seckendorff vom 10.11. 1806, in: Goethe-Schiller-Archiv Weimar, 96/2841. Teilnachlass Leopold von Seckendorff, Briefe der Luise von Stein (um 1806). Für den Hinweis auf diesen und den folgenden Brief danke ich Hans-Werner Hahn (Jena). Vgl. auch ders.: Die Schlacht von Jena und Auerstedt und die deutsche Politik zwischen 1806 und 1871, in: Jena und Auerstedt. Ereignis und Erinnerung in europäischer, nationaler und regionaler Perspektive. 5. Tagung zu Erinnerungslandschaften in Mitteldeutschland (Tagungsband), hrsg. vom Landesheimatbund Sachsen-Anhalt e.V. und Heimatbund Thüringen e.V., Halle 2006 (im Druck).

[288] Cäcilie von Werthern an August Friedrich Carl von Werthern vom 30.10. 1806, in: Landeshauptarchiv Sachsen-Anhalt, Abteilung Magdeburg Rep. H Beichlingen, Nr. 2037/ III.

[289] Luise von Stein an Leopold von Seckendorff vom 10.11. 1806, in: Goethe-Schiller-Archiv Weimar, 96/2841. Teilnachlass Leopold von Seckendorff, Briefe der Luise von Stein (um 1806).

[290] Bismarcks Ansprache auf dem Jenaer Markt vom 31. Juli 1892, in: Fürst Otto von Bismarck: Die gesammelten Werke (Friedrichsruher Ausgabe), Bd. 13: Reden 1885–1897, bearb. v. Wilhelm Schüßler, Berlin 1930, S. 471 f.

[291] Vgl. Jürgen John: „Jena 1806" – Symboldatum der Geschichte des 19. und 20. Jahrhunderts, in: Fesser/Jonscher (Hrsg.): Umbruch im Schatten Napoleons. Die Schlachten von Jena und Auerstedt und ihre Folgen, S. 177–195.

[292] Vgl. Kapitel 8.

[293] Vgl. Willms: Napoleon, S. 485.

[294] Vgl. auch Kapitel 2.

[295] Die Schlacht bei Jena 1806. Katalog der Hundertjahr-Ausstellung im Städtischen Museum zu Jena, Jena 1906.

[296] Ebenda, S. 3.

[297] Ebenda, S. 4 f.

[298] Nipperdey: Deutsche Geschichte 1800–1866, S. 11.

[299] Ebenda, S. 11.

[300] In Arndts Gedicht „Des Deutschen Vaterland" aus dem Jahre 1813 findet sich die folgende bezeichnende Strophe: „Das ist des Deutschen Vaterland. Wo Zorn vertilgt den wälschen Tand, Wo jeder Franzmann heißet Feind, Wo jeder Deutsche heißet Freund – Das soll es sein! Das ganze Deutschland soll es sein!". In „Not des Vaterlandes" vom gleichen Verfasser heißt es über Napoleon: „Und Fürsten zittern blaß und bleich Des Wälschen fürchterlichem Willen, Er winkt – sein Wink trifft Dolchen

gleich Und seine Augen sind Bastillen."

[301] Otto Dann: Nation und Nationalismus in Deutschland 1770–1990, 3. Aufl. München 1996, S. 83; vgl. auch Michael Jeismann: Das Vaterland der Feinde. Studien zum nationalen Feindbegriff und Selbstverständnis in Deutschland und Frankreich 1792–1918, Stuttgart 1992, S. 27 ff.

[302] Jörg Echternkamp: Aufstieg des deutschen Nationalismus, Frankfurt am Main/New York 1998; Dieter Langewiesche: Nation, Nationalismus, Nationalstaat: Forschungsstand und Forschungsperspektiven, in: Neue Politische Literatur, 40 (1995), S. 190–236; ders.: Nation, Nationalismus, Nationalstaat in Deutschland und Europa, München 2000; Jörg Echternkamp/Sven Oliver Müller (Hrsg.): Die Politik der Nation. Deutscher Nationalismus in Krieg und Krisen 1760–1960, München 2002.

[303] Jörg Echternkamp/Sven Oliver Müller: Perspektiven einer politik- und kulturgeschichtlichen Nationalismusforschung. Einleitung, in: Ebenda, S. 1–24, hier S. 19.

[304] Ute Planert: Wann beginnt der „moderne" deutsche Nationalismus? Plädoyer für eine nationale Sattelzeit, in: Ebenda, S. 25–59, hier S. 28.

[305] Vgl. Planert: Wann beginnt der „moderne" deutsche Nationalismus?, S. 26; Langewiesche: Nation, Nationalismus, Nationalstaat, S. 199.

[306] Vgl. Nipperdey: Deutsche Geschichte 1800–1866, S. 11 ff.; Tulard: Frankreich im Zeitalter der Revolutionen 1789–1851, S. 211 ff.; Fehrenbach: Vom Ancien Regime zum Wiener Kongress, S. 71 ff. und S. 82 ff.

[307] Vgl. Dieter Langewiesche/Georg Schmidt (Hrsg.): Föderative Nation. Deutschlandkonzepte von der Reformation bis zum Ersten Weltkrieg, München 2000.

[308] Paul Schreckenbach: Der Zusammenbruch Preußens im Jahre 1806, Jena 1913, S. 1.

[309] Ebenda, S. 2.

[310] Vgl. Jürgen John: „Jena 1806" – Symboldatum der Geschichte des 19. und 20. Jahrhunderts, in: Fesser/Jonscher (Hrsg.): Umbruch im Schatten Napoleons, S. 177–195.

[311] Vgl. Hellmann (Hrsg.): Bürger, Bauern und Soldaten.

Auswahlbibliographie

A) Bis 1900 erschienene Quelleneditionen und Darstellungen (geordnet nach Erscheinungsjahr)

- Nachricht von der Schlacht bei Jena am 14. October 1806 zwischen den Kaiserl. Königl. Französischen, und Königl. Preussischen Armeen zur Erläuterung des Plans derselben, Weimar 1806.
- Bemerkungen und Beschreibungen der Schlacht bei Auerstedt ohnweit Jena von einem unpartheiischen Augenzeugen, o.O. 1806.
- Die Schlacht von Jena und Auerstädt geliefert den 14. Oktober 1806, Leipzig 1806.
- Fr. Müller: Die Schlacht von Jena und Auerstedt am 14. October 1806, Leipzig [nach 1806].
- Darstellung der Schlacht bei Jena und des Treffens von Auerstädt, Weimar 1807.
- Johannes Christian Ludwig Grieser: Die Schlacht bey Jena und Auerstädt am 14. Oktober 1806 zwischen den Kaiserlich Königlich Französischen und Königlich Preußischen Armeen vorfiel. In Versen beschrieben, Jena 1808 (Neuauflage o.O. 1856).
- Johann Traugott Leberecht Danz: Ansicht der Stadt Jena in den Octobertagen 1806, Jena 1809 [unveränderter Nachdruck 2006].
- Beschreibung der Feierlichkeiten, welche bei Anwesenheit der Kaiser Alexander und Napoleon und mehrerer gekrönten Häupter in Weimar und Jena am 6. u. 7. Oct. 1808 von dem Herzoge Carl August von Sachsen-Weimar veranstaltet wurden, nebst einem Überblicke ihrer merkwürdigen Zusammenkunft in Erfurt, Weimar 1809.
- Die Schlacht bei Jena und Hassenhausen. Den 14. October 1806 zwischen den französischen und preussischen Heeren. Erklärung eines ausführlichen und deutlichen Plans, Zeitz [ca. 1809].
- Gesang auf Jena's Gebirgen bey'm Erinnerungsfeuer der Leipziger Schlacht. Zunaechst den Landsturm-Maennern gewidmet. Am 18. October 1815, Jena [1815].
- Karl Gottlieb Bretschneider: Der vierjährige Krieg der Verbündeten mit Napoleon Bonaparte 1812–15, Annaberg 1816.
- Carl Heinrich Georg Venturini: Deutschlands und Rußlands Befreiungskriege von der Franzosen-Herrschaft unter Napoleon Buonaparte in den Jahren 1812–1815, 4 Teile, Teil 2: Krieg in Deutschland 1813, Leipzig/

Altenburg 1816.
- Charles R. E. de Saint-Maurice: Histoire des campagnes d'Allemagne et de Prusse, depuis 1802 jusqu'en 1806 (Histoire militaire des Français, par campagnes, depuis le commencement de la révolution jusqu'à la fin de règne de Napoléon), Paris 1827.
- Friedrich Lossius: Die Kriegerfeste, welche zur Erinnerung an die Schlacht bei Belle-Alliance im Grossherzogthum S.-Weimar seit 1835 kirchlich gefeiert worden sind. Für Kriegsgefährten und Freunde vaterländischer Gesinnung, 2 Hefte, Jena 1842.
- Luise Mühlbach: Napoleon in Deutschland, 4 Abteilungen, Abteilung 1, Band 1-4. Rastatt und Jena, Berlin 1858 (2. Aufl. Berlin 1859 als Band 1, 3. Aufl. Berlin 1863 als Band 1).
- Henri Blaze de Bury: Napoléon à Erfurth. L'entrevue avec Goethe et Wieland, d'après des documents nouveaux, in: Le Correspondant, 25.08.1861.
- Christian Klopfleisch: Die Schlacht bei Jena. Nach den besten Quellen und Schriften für die Besucher der Gegend von Jena und für Freunde geschichtlicher Erinnerungen überhaupt, Jena 1862.
- Eduard Leidolph: Die Schlacht bei Jena, Jena 1896.
- Aufzeichnungen des Fürsten Heinrich XLII. Reuß-Schleiz über den Aufenthalt Napoleons in Schleiz und die Durchzüge der Großen Armee 1806-1810, in: Berthold Schmidt (Hrsg.): Aus vergangenen Tagen des Reußenlandes und der Stadt Schleiz, Schleiz 1896.
- P. Kunze: Die Gegend zwischen Buttstädt und Apolda und insbesondere Nirmsdorf in den Heimsuchungen der Jahre 1806–1814, in: Zeitschrift des Vereins für Thüringische Geschichte und Altertumskunde (im folgenden: ZVThGA), 18 (1897), NF Bd. 10, S. 560–570.

B) Nach 1900 erschienene Titel in systematischer Ordnung

Quelleneditionen:
- Horst Fleischer (Hrsg.): Napoleon oder Das Welttheater kommt nach Thüringen (= Kleine kulturgeschichtliche Reihe, Bd. 4), Rudolstadt 2002.
- Birgitt Hellmann (Hrsg.): Bürger, Bauern und Soldaten. Napoleons Krieg in Thüringen 1806 in Selbstzeugnissen. Briefe, Berichte, Erinnerungen (= Bausteine zur Jenaer Stadtgeschichte, Bd. 9), Weimar u. a. 2005.
- Friedrich Max Kircheisen (Hrsg.): Fürstenbriefe an Napoleon I., 2 Bde., Bd. 1: Deutsche Fürsten und Fürstinnen, Stuttgart/Berlin 1929.
- Eckart Kleßmann: Deutschland unter Napoleon in Augenzeugenberichten, Düsseldorf 1965.
- Herbert Koch (Hrsg.): Johann Carl Wesselhoeft: Erzählung der Begebenheiten in Jena vor und nach der Schlacht am 14. Oktober 1806 nach Tagebuchaufzeichnungen, Jena 1937.
- Klaus-Peter Lange (Hrsg.): Johann Adam Krippendorf: Schilderungen der merkwürdigsten Kriegsbegebenheiten bei Auerstedt, Jena 1992.

- Irma List (Hrsg.): Napoleon I. und Erfurt. Aus deutschen und französischen Quellen zum 200. Geburtstag Napoleons I., 15.8.1969, Berlin 1969.
- Friedrich Schulze (Hrsg.): Die Franzosenzeit in deutschen Landen 1806–1815. In Wort und Bild der Mitlebenden, 2 Bde., Leipzig 1908.
- Ders. (Hrsg.): Weimar in den Freiheitskriegen, 3 Bde., Leipzig 1911–1913.
- Ders. (Hrsg.): Urkunden der deutschen Erhebung. Originalwiedergabe in Faksimiledrucken der wichtigsten Aufrufe, Erlasse, Flugschriften, Lieder und Zeitungsnummern als Ergänzung aller Erinnerungsschriften, Leipzig 1913.
- Ders. (Hrsg.): Weimarische Berichte und Briefe aus den Freiheitskriegen 1806–1815, Leipzig 1913.
- Ders. (Hrsg.): Weimars Kriegsdrangsale in den Jahren 1806–1814. Berichte der Zeitgenossen, Leipzig 1915.
- Hans-Bernd Spies (Hrsg.): Die Erhebung gegen Napoleon 1806–1814/15 (= Quellen zum politischen Denken der Deutschen im 19. und 20. Jahrhundert, Bd. 2), Darmstadt 1981.

Literatur:
- Willy Andreas: Carl August von Weimar und Napoleon, in: ZVThGA, 44 (1942), S. 210–238.
- Peter Berglar: Goethe und Napoleon. Die Faszination des Geistes durch die Macht, Darmstadt 1969.
- Otto Bessenrodt: Die äußere Politik der thüringischen Staaten von 1806–1815, Mühlhausen 1925 (2. Aufl. Mühlhausen 1926).
- Ders.: Schwarzburg-Sondershausens Politik in Napoleonischer Zeit, in: Mitt. Sondershausen, Heft 8 (1934), S. 63–70.
- Karl-Horst Bichler: Napoleons Krieg gegen Preußen und Sachsen 1806 (Saalfeld, Jena und Auerstedt), Reinbek 1998.
- Walter Blaha: Napoleon in Erfurt (= Kleiner Erfurt-Almanach, Bd. 9), Erfurt 1991.
- Arnaud Blin: Iéna, octobre 1806, Paris 2003.
- Georg Heinrich Daub: Das Eichsfeld unter napoleonischer Herrschaft, in: Eichsfeldischer Marienkalender, 37 (1913), S. 117–120.
- Hermann von Egloffstein: Carl August im niederländischen Feldzug 1814 (= Schriften der Goethe-Gesellschaft, Bd. 40), Weimar 1927.
- Friedrich Facius: Zwischen Souveränität und Mediatisierung. Das Existenzproblem der thüringischen Kleinstaaten von 1806 bis 1813, in: Peter Berglar (Hrsg.): Staat und Gesellschaft im Zeitalter Goethes, Köln/Wien 1977, S. 163–205.
- Ders.: Napoleon und die Hasenjagd bei Apolda am 7. Oktober 1808, in: ZVThGA, 45 (1943), S. 326–351.
- Ders.: Staat, Verwaltung und Wirtschaft in Sachsen-Gotha unter Herzog Friedrich II. (1691–1732). Eine Studie zur Geschichte des Barockfürsten-

tums in Thüringen, Gotha 1932.

- Gerd Fesser: Jena und Auerstedt. Der preussisch-französische Krieg von 1806/07, Jena 1996.
- Ders./Reinhard Jonscher (Hrsg.): Umbruch im Schatten Napoleons. Die Schlachten von Jena und Auerstedt und ihre Folgen (= Jenaer Studien, Bd. 3; Bausteine zur Jenaer Stadtgeschichte, Bd. 3), Jena 1998.
- Gonthier-Louis Fink: Goethe und Napoleon, in: Goethe-Jahrbuch, 107 (1999), S. 81–101.
- Willy Flach: Die staatliche Entwicklung Thüringens in der Neuzeit, in: ZVThGA, 43 (NF, 35) (1941), S. 21.
- Michael Freund: Napoleon und die Deutschen. Despot oder Held der Freiheit?, München 1969.
- Bruno von Germar: Napoleon I. und Karl August von Weimar, Ruhla 1912.
- Pierre Grappin: Goethe und Napoleon, in: Goethe-Jahrbuch, 107 (1999), S. 71–80.
- Werner Greiling: Presse und Öffentlichkeit in Thüringen. Mediale Verdichtung und kommunikative Vernetzung im 18. und 19. Jahrhundert (= Veröffentlichungen der Historischen Kommission für Thüringen, Kleine Reihe: Bd. 6), Köln u.a. 2003.
- Werner Greiling/Andreas Klinger/Christoph Köhler (Hrsg.): Ernst II. von Sachsen-Gotha-Altenburg. Ein Herrscher im Zeitalter der Aufklärung (= Veröffentlichungen der Historischen Kommission für Thüringen, Kleine Reihe: Bd. 15), Köln u. a. 2005.
- Margot Hanf: Dr. Peter Kommer leitete im Befreiungskampf gegen Napoleon ein großes Lazarett in Suhl, in: Stadtverwaltung Suhl - Kulturamt (Hrsg.): Suhler Ärzte (= Kleine Suhler Reihe, Bd. 8), Suhl 2004, S. 6 f.
- Martha Heinze: Die Politik des Fürstentums Schwarzburg-Rudolstadt 1806–1815, Diss. phil. (MS), Jena 1945.
- Birgitt Hellmann (Hrsg.): Jubiläen in Jena (= Dokumentationen der Städtischen Museen Jena, Bd. 16), Weimar/Jena 2005.
- Siegfried Hellmund: Die Stellung der deutschen Frühromantiker zur französischen Revolution und zu Napoleon, Diss. phil., Frankfurt 1928.
- Ulrich Heß: Geschichte der Behördenorganisation der thüringischen Staaten und des Landes Thüringen von der Mitte des 16. Jahrhunderts bis zum Jahr 1952 (= Veröffentlichungen der Historischen Kommission für Thüringen, Kleine Reihe: Bd.1), Jena 1993.
- Ders.: Geheimer Rat und Kabinett in den ernestinischen Staaten Thüringens. Organisation, Geschäftsgang und Personalgeschichte der obersten Regierungssphäre im Zeitalter des Absolutismus, Weimar 1962.
- F. A. Holland: Goethe und Napoleon. Die Erfurter Begegnung, Erfurt 1932.
- Armin Human: Napoleonische Zeit und nationale Freiheit in den Herzogtümern S.-Meiningen und Hildburghausen, dem Fürstentum Coburg-Saalfeld, der Grafschaft Camburg und der Herrschaft Kranichfeld während der Zeit von 1792–1815 (= Schriften des Vereins für Sachsen-Meiningische Geschichte und Landeskunde, H. 67), Hildburghausen 1913.

- Gerhard Jaritz: Eichsfelder Delegation wurde 1807 in Paris von Napoleon empfangen, in: Monatszeitschrift des Eichsfeldes, 46 (2002), 3, S. 86–87.
- Ders.: Ein Vivat für König Hieronymus Napoleon. König „Lustigk" 1813 zu Besuch in Heiligenstadt, in: Eichsfelder Heimatschrift. Die Monatsschrift für alle Eichsfelder, 48 (2004), S. 81f.
- Jena und Auerstedt. Ereignis und Erinnerung in europäischer, nationaler und regionaler Perspektive, 5. Tagung zu Erinnerungslandschaften in Mitteldeutschland (Tagungsband), hrsg. vom Landesheimatbund Sachsen-Anhalt e.V. und Heimatbund Thüringen e.V., Halle 2006.
- Detlef Jena: Thüringer Napoleon-Wanderweg. Weimar - Apolda - Jena, Jena 1995.
- Ders./Rüdiger Stolz: Spuren der Geschichte - Napoleon in Thüringen. Erinnerungen - Denkmäler - Natur - Wanderwege, Jena 1996.
- Rolf Jenak: Ursachen und Hintergründe der sächsischen Territorial-Abtretungen an das Königreich Westphalen im Jahre 1808, in: Neues Archiv für sächsische Geschichte, 73/74 (2003/2004), S. 443–453.
- R. Jordan: Die Sendung des Kammerpräsidenten v. Dohm [zu Heiligenstadt] mit einer ständischen Deputation in das kaiserliche Hauptquartier Warschau (Januar-Februar 1807), in: ZVThGA, 25 (NF, 17) (1907), S. 329–352.
- Klaus-Dieter Kaiser: Erfurt, Napoleon und Preußen 1802–1816 (= Schriften des Vereins für die Geschichte und Altertumskunde von Erfurt, Bd. 6), Erfurt 2002.
- Johannes Klein: Goethes Begegnung mit Napoleon (= Dortmunder Vorträge, Bd. 88), Dortmund 1968.
- Klaus-Peter Lange: Das Erbe der Schlacht vom 14. Oktober 1806 bei Jena und Auerstedt. Denkmäler und ihre Geschichte auf dem ehemaligen Schlachtfeld (= Schriften zur Stadt-, Universitäts- und Studentengeschichte Jenas, Bd. 2), Jena/Erlangen 1991.
- Eduard Leidolph: Die Schlacht bei Jena, Jena 1926.
- Werner Meister: Die Schlacht bei Auerstedt 1806, Teile 6–15 (Auerstedter Heimatblätter 6–15), Auerstedt 2001.
- Ders.: J. A. Krippendorf. Zeitzeuge der Kriegsereignisse 1806 bei Auerstedt (Auerstedter Heimatblätter, Bd. 22), Auerstedt 2004.
- Klaus-Peter Merta: Das Militär der sächsischen Herzogtümer in Thüringen 1808–1866, Potsdam 1996.
- Georg Mentz: Weimarische Staats- und Regentengeschichte vom Westfälischen Frieden bis zum Regierungsantritt Carl Augusts (= Carl August. Darstellungen und Briefe zur Geschichte des Weimarischen Fürstenhauses und Landes, I. Abt.), Jena 1936.
- Horst Moritz: Geist trifft Macht und macht sich untertan? Goethes Treffen mit Napoleon am 2. Oktober 1808 in Erfurt, in: Goethe trifft den gemeinen Mann. Alltagswahrnehmungen eines Genies (Katalog zur gleichnamigen Ausstellung, Erfurt 1999/2000), Köln 1999, S. 102–107.
- Gerhard Müller: Vision einer Zeitenwende. Die erste Jubiläumsfeier der

Schlacht bei Jena am 7. Oktober 1808, in: Birgitt Hellmann (Hrsg.): Jubiläen in Jena, Weimar/Jena 2005, S. 39–66.

- Walter Müller: Die Kriegsleiden und Kriegskosten des Herzogtums Sachsen-Weimar-Eisenach von 1806 bis 1814. Eine gleichzeitige geschichtliche Aufzeichnung des späteren weimarischen Ministers Carl Wilhelm Freiherrn von Fritsch, in: ZVThGA, 30 (NF, 22) (1915), S. 203–212.
- Holger Nowak/Birgitt Hellmann (Hrsg.): Die Schlacht bei Jena und Auerstedt am 14. Oktober 1806, Jena 1994.
- Holger Nowak/Birgitt Hellmann/Günther Queisser/Gerd Fesser: Lexikon zur Schlacht bei Jena und Auerstedt 1806. Personen, Ereignisse, Begriffe, Jena 1996.
- Hans Patze/Walter Schlesinger (Hrsg.): Geschichte Thüringens, Bd. 5: Politische Geschichte in der Neuzeit 1. Teil, 2. Teilbd., Köln/Wien 1984.
- Gertrud Paul: Die Schicksale der Stadt Jena und ihrer Umgebung in den Oktobertagen 1806. Nach den Quellen dargestellt, Jena 1920.
- Francise Loraine Petre: Napoleon's Conquest of Prussia 1806, London 1993 (Neudruck der Originalausgabe 1907).
- Edwin Redslob: Goethes Begegnung mit Napoleon (= Goethe-Zeit und Goethe-Kreis, Bd. 2), Baden-Baden 1954.
- Karl Reiber: Die Deutschen Blätter von Brockhaus 1813-1816, Köln 1937.
- B. Rein: Napoleons Intendanten auf der Heidecksburg 1806/1807, in: Das Thüringer Fähnlein, 7 (1938), S. 55–61.
- Sabine Scheffler/Ernst Scheffler: So zerstieben geträumte Weltreiche. Napoleon I. in der deutschen Karikatur (= Schriften zur Karikatur und kritischen Grafik, Bd. 3), unter Mitarbeit von Gerd Unverfehrt, hrsg. von Gisela Vetter-Liebenow, Stuttgart 1995.
- Erich Scherer: Soldaten aus Thüringen in Rußland 1812 (Teil 1), in: Familie und Geschichte. Hefte für Familiengeschichtsforschung im sächsisch-thüringischen Raum, 12 (2003), S. 413–419.
- Ders.: Soldaten aus Thüringen in Rußland 1812, in: Ebenda, S. 546 f.
- Hans Schmidt: Napoleon in der deutschen Geschichtsschreibung, in: Francia. Forschungen zur westeuropäischen Geschichte, 14 (1986), S. 530–560.
- Hermann von Schulze-Gävernitz: Großherzog Karl August als Fürst und deutscher Patriot, Heidelberg 1888.
- Wolf-Jörg Schuster: Man lädt uns ein zum Stelldichein. Napoleon in Thüringen 1806, Jena 1993.
- Heinz-Otto Sieburg: Deutschland und Frankreich in der Geschichtsschreibung des 19. Jahrhunderts (1848–1871), Wiesbaden 1958.
- Ders.: Napoleon in der deutschen Geschichtsschreibung des 19. und 20. Jahrhunderts, in: Geschichte in Wissenschaft und Unterricht, 21 (1970), S. 460–486.
- Friedrich Stählin: Napoleons Glanz und Fall im deutschen Urteil. Wandlungen des deutschen Napoleonbildes, Braunschweig 1952.
- Günter Steiger: Die Schlacht bei Jena und Auerstedt 1806, 2. Aufl. Rudolstadt 1994.

- Ralph Thiele: Jena und Auerstedt 1806. Die Schlacht und ihr Vermächtnis, Frankfurt am Main u. a. 1996.
- Jean Tulard/Louis Garros: Itinéraire de Napoléon au jour le jour 1769–1821 (= Bibliothèque napoléonienne), 2. Aufl. Paris 2002.
- Hans Tümmler: „Goethes Unterredung mit Napoleon" im Rahmen der Weimarischen Politik auf dem Erfurter Fürstenkongreß von 1808, in: ders.: Das klassische Weimar und das große Zeitgeschehen (= Mitteldeutsche Forschungen, Bd. 78), Köln/Wien 1975, S. 61–80.
- „Über Napoleon…" – Auf den Spuren des Kaisers der Franzosen in Gotha. Eine Ausstellung der Stiftung Schloss Friedenstein Gotha zum Deutsch-Französischen Jahr 2006 (Ausstellungskatalog), hrsg. von der Stiftung Schloss Friedenstein Gotha, Gotha 2006.
- Hans-Jürgen Ulonska/Tobias Ulonska: Kaiser Napoleon, Zar Alexander und Goethe. 190 Jahre Fürstenkongeß im Erfurter Kaisersaal, in: Erfurter Münzblätter, 7 (1999), S. 99–112.
- Volker Ullrich: Napoleon. Eine Biographie, Reinbek 2004.
- Paul Weber (Hrsg.): Die Schlacht bei Jena. Katalog der Hundertjahr-Ausstellung im Städtischen Museum zu Jena, Jena 1906.
- Gerhard Werner (Hrsg.): Prinz Louis Ferdinand von Preußen und das Gefecht bei Saalfeld am 10. Oktober 1806, Saalfeld 1996.
- Johannes Willms: Napoleon. Eine Biographie, München 2005.
- K. Wüstefeld: Das Untereichsfeld zur Zeit der französischen Fremdherrschaft, in: Eichsfelder Heimatkalender 1916.

183

Abbildungsnachweis

Stadtmuseum Jena:
Seite 9, 15, 46, 48, 49, 51, 53, 54, 57, 60, 61, 64, 65, 68, 71, 76, 103, 116, 120, 126, 154

Stiftung Schloss Friedenstein Gotha, Schlossmuseum:
Titelblatt vorn; Seite 79, 82, 96, 98, 142

Stiftung Schloss Friedenstein Gotha,
Museum für Regionalgeschichte und Volkskunde:
Seite 30

Thüringisches Staatsarchiv Gotha:
Seite 94, 105

Kustodie der Friedrich-Schiller-Universität Jena:
Seite 147

Friedrich Schulze: Die Franzosenzeit in deutschen Landen 1806–1815.
In Wort und Bild der Mitlebenden, Bd. 1, Leipzig 1908:
Seite 45, 52, 74, 87, 110, 148

Friedrich Schulze: Die Franzosenzeit in deutschen Landen 1806–1815.
In Wort und Bild der Mitlebenden, Bd. 2, Leipzig 1908:
Seite 101, 106

Friedrich Schulze (Hrsg.): Weimarische Berichte und Briefe aus den Freiheitskriegen 1806–1815, Leipzig 1913:
Seite 89 o., 90, 95, 112, 113

Paul Schreckenbach:
Der Zusammenbruch Preußens im Jahre 1806, Jena 1913:
Seite 29, 56

Sabine Scheffler/Ernst Scheffler: So zerstieben getraeumte Weltreiche. Napoleon I. in der deutschen Karikatur (= Schriften zur Karikatur und kritischen Grafik, Bd. 3), unter Mitarbeit von Gerd Unverfehrt, hrsg. von Gisela Vetter-Liebenow, Stuttgart 1995:
Seite 128, 129, 135, 136, 137, 138, 140, 141, 151

Michael Hundt: Die mindermächtigen deutschen Staaten auf dem Wiener Kongress, Mainz 1996:
Seite 26, 27

Beim Verfasser:
Seite 17, 21, 89 u., 121, 124

Personenregister

Alexander I., Zar (Kaiser) von Russland 43 f., 91, 106, 109-111, 113 f., 116 f.
Arndt, Ernst Moritz 14, 124, 143 f.
Arnold, Ignaz Ferdinand 131
Augereau, Pierre François Charles 47, 50, 72, 75
August, Herzog von Sachsen-Gotha-Altenburg 10, 31, 96–98, 109

Becker, Rudolph Zacharias 97 f., 122
Bernadotte, Jean Baptiste Jules 47, 52, 55
Bernhard II. Erich Freund, Herzog von Sachsen-Meiningen 31
Bertuch, Friedrich Justin 93, 109, 125
Bertuch, Karl 109, 117, 131
Bismarck, Otto von 146 f.
Bornschein, Johann Daniel Ernst 14, 123
Böttiger, Karl August 125
Bouhler, Philipp 16–18
Brauer, Johann Nikolaus 132
Brockhaus, Friedrich Arnold 133
Burkhardt, Jacob 16

Carl August, Herzog (ab 1815 Großherzog) von Sachsen-Weimar-Eisenach 27–29, 44, 88, 90-93, 105, 109, 111, 115 f., 132
Charlotte, Herzogin von Sachsen-Hildburghausen 109
Charlotte Amalia, Herzogin von Sachsen-Meiningen 31
Christian Günther I., Fürst von Schwarzburg-Sondershausen 35
Christian Wilhelm, Graf von Schwarzburg-Sondershausen 35
Cotta, Johann Friedrich 130

Dähling, Heinrich Anton 128
Dalberg, Carl Theodor Freiherr von (ab 1806: Fürstprimas) 36, 86
Dann, Otto 152
Danz, Johann Traugott Leberecht 58
Daru, Pierre-Antoine-Noël Bruno 111
Davout, Louis Nicolas 47, 50, 52

Heinrich XIX., Graf von Reuß-Greiz 35
Heinrich XXX., Graf von Reuß-Gera 36
Heinrich XXXV., Graf von Reuß-Lobenstein 36
Heinrich XLII., Fürst von Reuß-Schleiz 55
Heinrich LI., Graf von Reuß-Ebersdorf 36
Heinrich LXXII., Graf von Reuß-Ebersdorf 36
Herda zu Brandenburg, Carl Emil Ludwig Friedrich von 110
Herre, Franz 18
Hitler, Adolf 18
Hofer, Andreas 95
Hoff, Karl Ernst Adolf von 110
Hohenlohe-Ingelfingen, Fürst Friedrich Ludwig von 44–48, 50
Holtzendorff, General Karl Friedrich von 49

Jahn, Friedrich Ludwig 124
Jourdan, Comte Jean-Baptiste 28
Joseph Friedrich, Herzog von Sachsen-Hildburghausen 33
Joseph II., Kaiser des Heiligen Römischen Reiches 32 f., 35
Joseph Bonaparte, König von Neapel 85
Karl I., der Große 141
Karl, Erbprinz von Schwarzburg-Rudolstadt 109
Karl Wilhelm Ferdinand, Herzog von Braunschweig 44, 50
Karoline, Fürstin von Schwarzburg-Rudolstadt 109
Ketelhodt, Christian Ulrich Freiherr von 34
Ketelhodt, Friedrich Wilhelm von 110
Kircheisen, Friedrich Max 16
Knebel, Carl Ludwig von 126
Krahmer, Maria 82
Kretschmann, Theodor Konrad von 32 f.

Lannes, Jean 47, 49, 72, 75
Las Cases, Emmanuel Auguste Dieudonné Marin Joseph de 141
Lehmann, Gottfried Arnold 128
Lenz, Max 14, 130
Louis Bonaparte, König von Holland 85
Louis Ferdinand, Prinz von Preußen 44 f., 56, 73 f.
Ludloff, Friedrich Karl 73
Ludwig, Emil 16
Ludwig Friedrich II., Fürst von Schwarzburg-Rudolstadt 34
Ludwig Günther II., Fürst von Schwarzburg-Rudolstadt 34
Luise, Herzogin von Sachsen-Weimar-Eisenach 90
Luise Eleonore, Herzogin von Sachsen-Meiningen 31, 109

Maria Pawlowna, Erbherzogin von Sachsen-Weimar-Eisenach 91
Markov, Walter 18